ସଞ୍ଜ ସକାଳେ

(ଓଡ଼ିଆ ଚଳଚ୍ଚିତ୍ର ଭକ୍ତି ସଙ୍ଗୀତ)

ସଞ୍ଜୀ ସକାଳେ

(ଓଡ଼ିଆ ଚଳଚ୍ଚିତ୍ର ଭକ୍ତି ସଙ୍ଗୀତ)

ସଙ୍କଳକ:

ସୁକାନ୍ତ ମିଶ୍ର

ବ୍ଲାକ୍ ଈଗଲ୍ ବୁକ୍ସ
ଭୁବନେଶ୍ୱର, ଓଡ଼ିଶା

BLACK EAGLE BOOKS
Dublin, USA

ସଞ୍ଜସକାଳେ / ସଂକଳକ: **ସୁକାନ୍ତ ମିଶ୍ର**

ବ୍ଲାକ୍ ଈଗଲ୍ ବୁକ୍ସ : ଭୁବନେଶ୍ୱର, ଓଡ଼ିଶା • ଡବ୍ଲିନ୍, ଯୁକ୍ତରାଷ୍ଟ୍ର ଆମେରିକା

BLACK EAGLE BOOKS

USA address:
7464 Wisdom Lane
Dublin, OH 43016

India address:
E/312, Trident Galaxy, Kalinga Nagar,
Bhubaneswar-751003, Odisha, India

E-mail: info@blackeaglebooks.org
Website: www.blackeaglebooks.org

First International Edition Published by
BLACK EAGLE BOOKS, 2022

SANJA SAKAALE
A collection of devotional songs from Odia movies
Compiled by: **Sukant Mishra**

Copyright © **Sukant Mishra**

All rights reserved. No part of this publication may be reproduced, stored in a retrieval system, or transmitted, in any form or by any means, electronic, mechanical, photocopying, recording or otherwise without the prior permission of the publisher.

Cover: **Ramakanta Samantaray**
Interior Design: Ezy's Publication

ISBN- 978-1-64560-094-7 (Paperback)

Printed in the United States of America

ପଦେ ଅଧେ

ପିଲାଦିନେ ସ୍କୁଲରେ ସକାଳେ କ୍ଲାସ୍ ଆରମ୍ଭ ହେବା ଆଗରୁ ସମବେତ ପ୍ରାର୍ଥନା ବୋଲା ଯାଉଥିଲା। ଆଉ ଘରେ ସବୁଦିନ ସଞ୍ଜବେଳେ ଠାକୁରଙ୍କୁ ଦୀପ ଦେଇ ଆମେ ଭାଇ ଭଉଣୀ ମିଶି ପ୍ରାର୍ଥନା ବୋଲୁଥିଲୁ। ଏଇ ସଞ୍ଜବେଳ ପ୍ରାର୍ଥନାରେ ଆମେ ପାରମ୍ପରିକ ପ୍ରାର୍ଥନା ସହିତ କିଛି ନୂଆ ଭଜନ ମଧ୍ୟ ବାଛି ବୋଲୁଥିଲୁ। ଭଜନ ପ୍ରତି ଅନୁରାଗ ଏଇଠୁ ଆରମ୍ଭ ହେଇଥିଲା। ଆଉ କଲେଜ ପଢିବା ସମୟରେ ସଞ୍ଜବେଳରେ ହଷ୍ଟେଲରେ ବିଜୁଳି କଟି ଯାଇଥିବା ବେଳେ 'ଖଞ୍ଜଣି ପାର୍ଟି'ର ବନ୍ଧୁ ମେଳରେ ବସି ଟେବୁଲ ଉପରେ ବାଜା ବଜେଇ ଭଜନ ବୋଲି ଏହି ଅନୁରାଗଟି ଆହୁରି ବଳବତ୍ତର ହୋଇଥିଲା। ବିଶେଷତଃ ଓଡ଼ିଆ ଚଳଚ୍ଚିତ୍ରରେ ପରିବେଷିତ ଭଜନ ପ୍ରତି ମୋର ଆକର୍ଷଣ ଥିଲା ବେଶୀ। ଦୁଇଟି କାରଣ ଯୋଗୁଁ - ପ୍ରଥମତଃ ଫିଲ୍ମ ଭଜନ ଗୁଡିକ ସ୍ୱନାମଧନ୍ୟ ସଙ୍ଗୀତକାର, ଗୀତିକାର ଓ କଣ୍ଠଶିଳ୍ପୀ ମାନଙ୍କ ମିଳିତ ଉଦ୍ୟମ ଯୋଗୁଁ ବେଶ୍ ଶ୍ରୁତି ମଧୁର ହୋଇଥାଏ। ଦ୍ୱିତୀୟ ରେ ଫିଲ୍ମ ସଙ୍ଗୀତରେ ସାଜ ସରଞ୍ଜାମ ତଥା ବାଦ୍ୟଯନ୍ତ୍ରର ଆୟୋଜନ ପାରମ୍ପରିକ ଭଜନ ତୁଳନାରେ ସାଧାରଣତଃ ଅଧିକ ମାତ୍ରାରେ ଥିବାରୁ ତାହା ସଙ୍ଗୀତର ଲାଳିତ୍ୟ ଓ ମାଧୁର୍ଯ୍ୟକୁ ପରିବର୍ଦ୍ଧନ କରିଥାଏ।

ଏକ ଶତ (୧୦୦) ଟି ଓଡ଼ିଆ ଫିଲ୍ମ ଭକ୍ତି ସଙ୍ଗୀତ ସଂଗୃହୀତ ହୋଇ ଏହି ସଙ୍କଳନରେ ଉପସ୍ଥାପିତ କରାଯାଇଛି। ଏଥିରୁ ଗୋଟିଏ ଦୁଇଟିକୁ ବାଦ ଦେଲେ, ବାକି ସମସ୍ତ ଭକ୍ତି ସଙ୍ଗୀତ ୧୯୬୧ ରୁ ୧୯୯୦ ମଧ୍ୟରେ ନିର୍ମିତ ଓଡ଼ିଆ ଚଳଚ୍ଚିତ୍ର ମାନଙ୍କରୁ ଉଦ୍ଧୃତ ହୋଇଛି। ୧୯୬୧ ରୁ ୧୯୯୦ - ଏହି ୩୦ ବର୍ଷ ଓଡ଼ିଆ ଚଳଚ୍ଚିତ୍ର ପାଇଁ **Golden Era** ବା ସୁବର୍ଣ୍ଣ ଯୁଗ ଥିଲା କହିଲେ ଅତ୍ୟୁକ୍ତି ହେବ ନାହିଁ। ଏହି ସମୟ ସୀମାରେ - କାହାଣୀ, ଅଭିନୟ, ନିର୍ଦ୍ଦେଶନା ଓ ସଙ୍ଗୀତ - ପ୍ରତିଟି ବିଭାଗରେ ଓଡ଼ିଆ ଚଳଚ୍ଚିତ୍ର ପରାକାଷ୍ଠାର ଚରମ ସୋପାନରେ ଉତ୍ତୀର୍ଣ୍ଣ ହୋଇଥିଲା। ତେଣୁ କହିବା ବାହୁଲ୍ୟ ଯେ ଏହି ଚଳଚ୍ଚିତ୍ର ମାନଙ୍କର ଭକ୍ତି ସଙ୍ଗୀତ ମଧ୍ୟ ଖୁବ ହୃଦୟସ୍ପର୍ଶୀ

ହୋଇଥିଲା । ପରିବେଷଣ ଶୈଳୀ ଅନୁସାରେ ଚଳଚ୍ଚିତ୍ର ଭକ୍ତି ସଙ୍ଗୀତ ଗୁଡ଼ିକ ମୁଖ୍ୟତଃ ତିନିଟି ଶ୍ରେଣୀରେ ବିଭକ୍ତ କରା ଯାଇପାରେ। ପ୍ରଥମ ଶ୍ରେଣୀରେ ଅନ୍ତର୍ଭୁକ୍ତ ହେଉଛନ୍ତି ସେହି ଭକ୍ତିଗୀତ ଯାହାର ରଚନା ଓ ସ୍ୱର ପରିବେଷଣ ଉଭୟ ପାରମ୍ପରିକ ଶୈଳୀରେ ହୋଇଛି - ଯଥା - ଭଜୁ କିନା ରାମ ନାମ (କନକଲତା - ୧୯୭୪), ବାଧିଲା ଜାଣି କ୍ଷମା (ମୁକ୍ତି - ୧୯୭୭)। ଦ୍ୱିତୀୟ ଶ୍ରେଣୀରେ ଗୃହୀତ ହୋଇଥିବା ଭକ୍ତି ଗୀତ ଗୁଡ଼ିକର ରଚନା ପାରମ୍ପରିକ, କିନ୍ତୁ ସ୍ୱର ନୂତନ ଶୈଳୀରେ ପ୍ରସ୍ତୁତ ହୋଇଛି - ଉଦାହରଣ ସ୍ୱରୂପ: ବିଶ୍ୱ ଜୀବନ ହେ (ଅସ୍ତରାଗ - ୧୯୮୨), ଆହେ ଦୟାମୟ ବିଶ୍ୱ ବିହାରୀ (ବଳିଦାନ - ୧୯୭୮)। କିଛି ପାରମ୍ପରିକ ଗୀତର କିୟଦଂଶ ଚଳଚ୍ଚିତ୍ରରେ ପ୍ରଦର୍ଶିତ ହୋଇଥିବା ସତ୍ତ୍ୱେ ଭଜନ ଗୁଡ଼ିକ ଏ ପୁସ୍ତକରେ ସମ୍ପୂର୍ଣ୍ଣ ଭାବେ ପ୍ରକାଶିତ କରାଗଲା। ପରିଶେଷରେ ତୃତୀୟ ଶ୍ରେଣୀରେ ଥିବା ଭକ୍ତିଗୀତର ରଚନା ହେଉଛି ନୂତନ ଓ ପରିବେଷଣ ଶୈଳୀ ମଧ୍ୟ ନୂତନ - ଉଦାହରଣ - ସଞ୍ଜ ସକାଳେ ତୁମ ଛବି ଖୋଜେ (ସ୍ତ୍ରୀ - ୧୯୬୮), ଜଗତର ନାଥ ଆହେ ଜଗନ୍ନାଥ (ଚିହ୍ନା ଅଚିହ୍ନା - ୧୯୭୯)। ଏହି ସଙ୍କଳନର ଅଧିକାଂଶ ଗୀତ ଏହି ଶେଷ ଶ୍ରେଣୀଭୁକ୍ତ।

'ସଞ୍ଜ ସକାଳେ' ଭଜନଗୁଡ଼ିକର ତଥ୍ୟ ବିଶ୍ଳେଷଣ ଓ ସଂଶୋଧନରେ ସାହାଯ୍ୟ କରିଥିବା ପାଇଁ ମୁଁ ଶ୍ରୀ ସୂର୍ଯ୍ୟ ଦେଓଙ୍କଠାରେ ବିଶେଷ ଭାବରେ କୃତଜ୍ଞ ରହିଲି। ଏ ପୁସ୍ତକର ପ୍ରାୟ ସମସ୍ତ ଗୀତଗୁଡ଼ିକ ଇଣ୍ଟରନେଟ ବା ୟୁଟ୍ୟୁବରେ ଶୁଣିବା ପାଇଁ ଉପଲବ୍ଧ। ତେଣୁ କୌଣସି ଗୀତର ସ୍ୱର ଜାଣିବାକୁ ଚାହିଁଲେ ପାଠକ ନେଟ୍‌ରୁ ଅନାୟାସରେ ପାଇ ପାରନ୍ତି। ଆଉ ଗୋଟିଏ କଥା, ଯେଉଁ ବ୍ୟକ୍ତି ଓଡ଼ିଆ ଭାଷା କହି ଓ ବୁଝି ପାରିଲେ ମଧ୍ୟ ପଢ଼ି ପାରନ୍ତି ନାହିଁ - ସେମାନଙ୍କ ସୁବିଧା ପାଇଁ ସଙ୍ଗୀତଗୁଡ଼ିକ ଓଡ଼ିଆ ସହିତ ଇଂରାଜୀରେ ପ୍ରକାଶ କରିଥିଲୁ। କିନ୍ତୁ କେତେକ ବନ୍ଧୁଙ୍କ ପରାମର୍ଶ ଯୋଗୁଁ ଆଉ ଏକ ସଂସ୍କରଣରେ ଆମେ କେବଳ ଓଡ଼ିଆ ରଖି ଏହି ପୁସ୍ତକଟିକୁ ପ୍ରକାଶ କରିଲୁ; ଯାହାକି ସ୍ୱଳ୍ପ ମୂଲ୍ୟରେ ଓଡ଼ିଶା ଓ ଓଡ଼ିଶା ବାହାରେ ରହୁଥିବା ବନ୍ଧୁମାନେ ପାଇପାରିବେ।

ଜୟ ଜଗନ୍ନାଥ।

ବିନୀତ,

କୁମାର ପୂର୍ଣ୍ଣିମା, ୨୦୨୨

ସୁକାନ୍ତ ମିଶ୍ର

ସୂଚିପତ୍ର

	ଗୀତ	ଚଳଚ୍ଚିତ୍ର	ପୃଷ୍ଠା
୧	ଅଧାଗଢା ଦିଅଁଙ୍କର ଦେଖ ଚକାଆଖିକୁ	ଶ୍ରୀ ଜଗନ୍ନାଥ	୧୧
୨	ଆହେ ଦୟାମୟ ବିଶ୍ୱ ବିହାରୀ	ବଳିଦାନ	୧୩
୩	ଆହେ କଳା ଶ୍ରୀମୁଖ	ଅଗ୍ନି ପରୀକ୍ଷା	୧୫
୪	ଆହେ ନୀଳ ଶଇଳ	ଭକ୍ତ ସାଲବେଗ	୧୬
୫	ଅଖିଳ ବ୍ରହ୍ମାଣ୍ଡପତି ମୋ ଜୀବନ ସ୍ୱାମୀ	କନକଲତା	୧୮
୬	ଆରତ ସୁରେ ବାରେ	ଲକ୍ଷ୍ମୀ	୨୦
୭	ଆରେ ବାବୁ ଶ୍ୟାମଘନ	ମଥୁରା ବିଜୟ	୨୧
୮	ବାଧିଲା ଜାଣି କ୍ଷମା	ମୁକ୍ତି	୨୩
୯	ବଡ଼ ଦେଉଳେ ବଡ଼ ଦିଅଁ କାହିଁକି	କନକଲତା	୨୫
୧୦	ବେଦନା ଭରା ଜୀବନ ମୋର	ବତାସୀ ଝଡ	୨୭
୧୧	ଭବ ସାଗର ତାରଣ କାରଣ ହେ	ଅଭିଳାଷ	୨୮
୧୨	ଭାଗ୍ୟ ମୋର	ସତୀ ଅନସୂୟା	୨୯
୧୩	ଭଜୁ କିନା ରାମ ନାମ	କନକଲତା	୩୦
୧୪	ବିଶ୍ୱଜୀବନ ହେ	ଅସ୍ତରାଗ	୩୨
୧୫	ଚାଲ ସଖି ଆମ୍ଭେ ଦର୍ଶନ କରିବା	ଭକ୍ତ ସାଲବେଗ	୩୪
୧୬	ଚକାଆଖି ସବୁ ଦେଖୁଛି	ଚକାଆଖି ସବୁ ଦେଖୁଛି	୩୬
୧୭	ଚନ୍ଦନ ଚର୍ଚ୍ଚିତ ନୀଳ କଳେବର	ଜୟଦେବ	୩୮
୧୮	ଚରଣ କମଳ ବନ୍ଦେ	ଶ୍ରୀ ଜଗନ୍ନାଥ	୪୦
୧୯	ଛୋଟ ମୋର ଏ ଘର	କୃଷ୍ଣ ସୁଦାମା	୪୧
୨୦	ଦଶାବତାର	ଶ୍ରୀ ଜଗନ୍ନାଥ	୪୨
୨୧	ଦୟାମୟୀ ଅମ୍ବିକା	ମାନିନୀ	୪୪
୨୨	ଦୟାମୟୀ ମହାମାୟୀ ମା ମଙ୍ଗଳା	ଜୟ ମା ମଙ୍ଗଳା	୪୫
୨୩	ଦେଖି ସେ ବଣମଲ୍ଲୀ	ମମତା	୪୭
୨୪	ଦେଲି ତୁମ ପାଦେ ଅରପି ନିଜକୁ	ତ୍ରିନାଥ ମେଳା	୪୮
୨୫	ଡାକିଦିଅ ସାରା ଧରଣୀରେ ଆଜି	ତପସ୍ୟା	୪୯
୨୬	ଏକରେ ଅନେକ	କୃଷ୍ଣ ସୁଦାମା	୫୦
୨୭	ଏକା ତୋ ଭକତ ଜୀବନ	ଭକ୍ତ ସାଲବେଗ	୫୧
୨୮	ଗୁହାରି ଶୁଣ ଭଗବାନ	ସମୟ	୫୨
୨୯	ହସେରେ ନନ୍ଦ କୋଳେ ଗୋବିନ୍ଦ	ମଥୁରା ବିଜୟ	୫୩
୩୦	ହାଏରେ କାହ୍ନୁ ବାଇ ବେଣୁ	ମେଘମୁକ୍ତି	୫୪
୩୧	ହେ ବ୍ରହ୍ମା ହେ ବିଷ୍ଣୁ ହେ ମହେଶ୍ୱର	ତ୍ରିନାଥ ମେଳା	୫୫

୩୨	ହେ ଦୁଃଖହାରୀ ଗିରିଧାରୀ	ସୁନା ସଂସାର	୫୬
୩୩	ହେ ଶମ୍ଭୁ ହେ ଶଙ୍କର	ସତୀ ଅନସୂୟା	୫୭
୩୪	ହୃଦୟ ଭରି ମୋର	କୃଷ୍ଣ ସୁଦାମା	୫୯
୩୫	ଜଗବନ୍ଧୁ ହେ ଗୋସାଇଁ	ଭକ୍ତ ସାଲବେଗ	୬୧
୩୬	ଜଗତପତି ହେ	ଚିଲିକା ତୀରେ	୬୨
୩୭	ଜଗତର ନାଥ	ଚିହ୍ନା ଅଚିହ୍ନା	୬୩
୩୮	ଯମୁନା ଯାଅନା	ସାକ୍ଷୀ ଗୋପୀନାଥ	୬୪
୩୯	ଜନନୀ ଭବାନୀ	କବି ସମ୍ରାଟ ଉପେନ୍ଦ୍ର ଭଞ୍ଜ	୬୫
୪୦	ଜଟିଆ ବାବା ଡୋରି	ଏଇ ଆମ ସଂସାର	୬୬
୪୧	ଜୟ ଯଦୁନନ୍ଦନ	ଗପ ହେଲେ ବି ସତ	୬୮
୪୨	ଜୟ ଜୟ ଦାରୁବ୍ରହ୍ମ	ମାଣିକ	୬୯
୪୩	ଜୟ ଜୟ ଦେବ ହରେ	ସତୀ ଅନସୂୟା	୬୯
୪୪	ଜୟ ଜୟ ଧବଳେଶ୍ୱର	ସୁନା ପାଲିଙ୍କି	୭୧
୪୫	ଜୟ ମା ମଙ୍ଗଳା	ତଅପୋଇ	୭୩
୪୬	ଜୟ ରଘୁନନ୍ଦନ	କାଚଘର	୭୪
୪୭	ଜୟ ତୁ ମହାଲକ୍ଷ୍ମୀ	ମହାଲକ୍ଷ୍ମୀ ପୂଜା	୭୫
୪୮	ଯୁଗେ ଯୁଗେ ଭଗବାନ	ସାକ୍ଷୀ ଗୋପୀନାଥ	୭୭
୪୯	ଯୁଗେ ଯୁଗେ ହରି	ମାଣିକ	୭୯
୫୦	କାହିଁ ଗଲେ ବନ୍ଧୁରେ	ଅଭିମାନ	୮୧
୫୧	କାହିଁ ଗଲେ ଶ୍ୟାମଘନ	ବନ୍ଧୁ ମହାନ୍ତି	୮୨
୫୨	କାଳିଆ ଆସିଲା ଭାଇ	ଶ୍ରୀ ଜଗନ୍ନାଥ	୮୩
୫୩	କହରେ କିଏ ସେ	କୃଷ୍ଣ ସୁଦାମା	୮୪
୫୪	କହଇ ମନ ଆରେ	ବିଲ୍ୱ ମଙ୍ଗଳ	୮୫
୫୫	କାକଟପୁରେ ତୁ ମା ମଙ୍ଗଳା	ମା ମଙ୍ଗଳା	୮୭
୫୬	କାନ୍ଦି କହେ ନନ୍ଦରାଣୀ	ଛ ମାଣ ଆଠ ଗୁଣ୍ଠ	୮୯
୫୭	କେଉଁ ନାମ ଧରି	ସିନ୍ଦୁର ବିନ୍ଦୁ	୯୧
୫୮	କି ରୂପେ ପାଇବି	ତ୍ରିନାଥ ମେଳା	୯୨
୫୯	କି ଶୋଭା କେଳି କୁଞ୍ଜେ	ଝିଲିମିଲି	୯୩
୬୦	କି ସୁନ୍ଦର ଆହା	ଗୌରୀ	୯୪
୬୧	କିଏ ଆସେରେ	ମଥୁରା ବିଜୟ	୯୫
୬୨	କୋଇଲି ଲୋ କୋଇଲି	ନିନାଦ	୯୬
୬୩	ଲଳିତା ଗୋ ଶ୍ୟାମକୁ କହିଦେ ଫେରିଯାଉ	ଟିକେ ହସ ଟିକେ ଲୁହ	୯୭
୬୪	ମା ଗୋ କରୁଛି ଏତିକି ଗୁହାରି	ମା ମୋତେ ଶକ୍ତି ଦେ	୯୮
୬୫	ମା ଗୋ ମମତାମୟୀ ମାତା	ବନ୍ଧୁ ମହାନ୍ତି	୧୦୦
୬୬	ମା ଲୋ ମହିମାମୟୀ	ପରିବାର	୧୦୧

୬୭	ମା ତୁମେ ଜଗତର ସାହା ଭରସା	ଆରତୀ	୧୦୩
୬୮	ମା ତୁମେ ମମତାର ସୀମାହୀନ ସାଗର	ଉଲ୍‌କା	୧୦୪
୬୯	ମହାବାହୁ ଅଖିଳ ଜଗତ ନାଥ	ବନ୍ଧୁ ମହାନ୍ତି	୧୦୫
୭୦	ମଲ୍ଲି ମାଳ ଶ୍ୟାମକୁ ଦେବି	କବି ସମ୍ରାଟ ଉପେନ୍ଦ୍ର ଭଞ୍ଜ	୧୦୬
୭୧	ମଙ୍ଗଳେ ଅଇଲା ଉଷା	କନକଲତା	୧୦୭
୭୨	ମୋହନ ହେ ମୋହନ	ଧରିତ୍ରୀ	୧୧୦
୭୩	ମୋର ଅନ୍ତର ମନ୍ଦିରେ ରହି	ମଲ୍ଲିଚନ୍ଦ୍ର	୧୧୧
୭୪	ମୁକୁନ୍ଦ ମୁରାରି	ମୁକ୍ତି	୧୧୨
୭୫	ନ ଯା ରାଧିକା	ସିନ୍ଦୁର ବିନ୍ଦୁ	୧୧୩
୭୬	ନମସ୍ତେ ପ୍ରଭୁ ଜଗନ୍ନାଥ	ବନ୍ଧୁ ମହାନ୍ତି	୧୧୪
୭୭	ନୀଳମାଧବ ହେ	ନୀଳମାଧବ	୧୧୬
୭୮	ନୀଳାଦ୍ରି ବିହାରୀ ହରି	ସୂର୍ଯ୍ୟମୁଖୀ	୧୧୭
୭୯	ନିର୍ଗୁଣ ଆମ୍ଭ ଗୁଣବନ୍ତ	ବନ୍ଧୁ ମହାନ୍ତି	୧୧୮
୮୦	ପ୍ରଭୁ ପଦ ତଳେ ପ୍ରଣତି ଢାଳେ	ଘର ସଂସାର	୧୨୦
୮୧	ପ୍ରଭୁ ପରଂବ୍ରହ୍ମ ପରମେ	ରାମାୟଣ	୧୨୧
୮୨	ପ୍ରଣତି ଜଣାଇ ତୋର ଚରଣେ	ଝିଅଟି ସୀତା ପରି	୧୨୩
୮୩	ପୁତ୍ର ସ୍ନେହେ ହେଲୁ ବାଇ	ମନ ମନ୍ଦିର	୧୨୪
୮୪	ରାଧା ବିନା କାହ୍ନା	ଆକାଶ ଦୀପ	୧୨୫
୮୫	ରାମ ଚରିତ ଏହି ଗାଥା	ସୀତା ଲବକୁଶ	୧୨୭
୮୬	ରତି ସୁଖ ସାରେ - ଗୀତ ଗୋବିନ୍ଦମ୍‌	ଜୟଦେବ	୧୨୯
୮୭	ରେ ଆୟନ୍‌ ନିଦ୍ରା ପରିହରି	ମମତା	୧୩୧
୮୮	ସବୁଥରୁ ବଞ୍ଚିତ କରି	ନବଜନ୍ମ	୧୩୨
୮୯	ସଜନୀରେ କାହିଁ ଗଲେ ଶ୍ୟାମ	ସମୟ	୧୩୪
୯୦	ସଞ୍ଜ ସକାଳେ ତୁମ ଛବି ଖୋଜେ	ସ୍ତ୍ରୀ	୧୩୫
୯୧	ସେ ତ ଭକତ ଭାବରେ ବନ୍ଧାରେ	ଶ୍ରୀ ଜଗନ୍ନାଥ	୧୩୬
୯୨	ସିଂହବାହିନୀ	ମନ ଆକାଶ	୧୩୭
୯୩	ତାରିବା ଶକତି ଅଛି ବୋଲି	ଭକ୍ତ ସାଲବେଗ	୧୩୯
୯୪	ତୋତେ ଜୁହାର କରିବି ନାହିଁ	ବାଜେ ବଇଁଶୀ ନାଚେ...	୧୪୦
୯୫	ତୋର ଇଛା ପୂର୍ଣ୍ଣ ହେଉ ମହାବାହୁ	ପୂଜା ଫୁଲ	୧୪୧
୯୬	ତୁମେ ଦେବ ମୁଁ ପୂଜାରିଣୀ	ଭୁଲି ହୁଅନା	୧୪୩
୯୭	ତୁମେ ମାଧବ ତୁମେ କେଶବ	ଆଶାର ଆକାଶ	୧୪୪
୯୮	ତୁମେ ମୋର ମୁଁ ତୁମର	ଅଭିମାନ	୧୪୫
୯୯	ତୁମେ ତ ଦୟାଳୁ ଦାତା	ବାଟ ଅବାଟ	୧୪୬
୧୦୦	ତୁମେଇ ସକଳ ସତ୍ୟ	ଟିକେ ହସ ଟିକେ ଲୁହ	୧୪୮

ଅଧାଗଢା ଦିଅଁଙ୍କର ଦେଖ ଚକାଆଖିକୁ

ଚଳଚ୍ଚିତ୍ର: ଶ୍ରୀ ଜଗନ୍ନାଥ (୧୯୭୯)
କଣ୍ଠଶିଳ୍ପୀ: ଅକ୍ଷୟ ମହାନ୍ତି
ସଙ୍ଗୀତ ନିର୍ଦ୍ଦେଶକ: ଅକ୍ଷୟ ମହାନ୍ତି
ଗୀତିକାର : ଅକ୍ଷୟ ମହାନ୍ତି

ଅଧା ଗଢା ଦିଅଁଙ୍କର ଦେଖ ଚକା ଆଖିକୁ
ଅଧା ଚାନ୍ଦ ଅଧରରେ ଅଧା ଅଧା ହସକୁ
ଭଜ ମନ ପୂର୍ଣ୍ଣବ୍ରହ୍ମ ଦାରୁବ୍ରହ୍ମଙ୍କୁ

ଦେବା ପଣେ ତାହା ତୁଲ ପାଇବୁ ତୁ କାହାକୁ
ଧନ ମୋର ଦୀନ ଜନେ ଲଗାଇଛି ସ୍ନେହକୁ
ନୀଳାଚଳ ନାଥ ସେ ତ ଉଡାଉଛି ବାନାକୁ
ପତିତକୁ ତାରିବାକୁ ଟେଳି ଅଛି ବାହାକୁ
ଭଜ ମନ ପୂର୍ଣ୍ଣବ୍ରହ୍ମ ଦାରୁବ୍ରହ୍ମଙ୍କୁ

ନୀଳଚକ୍ର ନୀଳନଭେ ଜଣାଉଚି ଧରାକୁ
ସେ ସାମନ୍ତ ଛେଦିବ ତ ଆରତର ଗ୍ରାହାକୁ
ଜାତି ନାହିଁ ପତି ନାହିଁ କେ ପଚାରେ କାହାକୁ
ଉଡାଉଛି ଜଗତରେ ଛୁଆଁ ଛୁଇଁ ଭାବକୁ
ଭଜ ମନ ପୂର୍ଣ୍ଣବ୍ରହ୍ମ ଦାରୁବ୍ରହ୍ମଙ୍କୁ

ଛାର ଶିରିଫଳ ପାଇଁ ଚାହିଁଛି ତା ହାତକୁ
ଭକତର ମଣି କଲା ଅଛବ ଦାସିଆକୁ
ନିଜ ହାତେ ପରଷିଛି ଯାଜପୁର ବନ୍ଧୁକୁ
ଗୀତ ଶୁଣି ମାଲୁଣିଠୁ ଚିରିଅଛି ଲୁଗାକୁ
ଭଜ ମନ ପୂର୍ଣ୍ଣବ୍ରହ୍ମ ଦାରୁବ୍ରହ୍ମଙ୍କୁ

ଝୁଲିଆର ଘରେ ନେଇ ରଖିଚି ସେ ଭାରକୁ
ଗୀତାପଣ୍ଡା ଭାରିଯା ତା କାଟିଅଛି ଜିଭକୁ
ସାଲବେଗ ହୀନଜାତି ଆଶ୍ରା କଲା ତାହାକୁ
ତା ଭକତି ପାଇଁ ଦଣ୍ଡେ ରଖାଉଛି ରଥକୁ
ଭଜ ମନ ପୂର୍ଣ୍ଣବ୍ରହ୍ମ ଦାରୁବ୍ରହ୍ମଙ୍କୁ

ସ୍ନାନବେଦୀ ଉପରେ ତ ନେଲା ହାତୀ ବେଶକୁ
ରଥେ ବସି ମହାରାଜେ ହେଲେ ସୁନା ବେଶକୁ
କାଳିନ୍ଦୀରେ ପାଦେ ଦଳିଥିଲେ ପରା କାଳିକୁ
ବନଭୋଜି ବେଶେ ମଜ୍ଜି ଲଗାଇଛି ଲଟକୁ
ଭଜ ମନ ପୂର୍ଣ୍ଣବ୍ରହ୍ମ ଦାରୁବ୍ରହ୍ମଙ୍କୁ

ଦେଖ ମନମୋହନିଆ ରାଧା ଦାମୋଦରକୁ
ବାଙ୍କଚୁଡା ବେଶ ହୋଇ କିଣିନିଏ ମନକୁ
ଫଗୁଣରେ ପଦ୍ମବେଶ ଧୋଇଦିଏ ପାପକୁ
ପଞ୍ଚୁକରେ ନାଗାର୍ଜୁନ ବାଇ କରେ ଭକ୍ତଙ୍କୁ
ଭଜ ମନ ପୂର୍ଣ୍ଣବ୍ରହ୍ମ ଦାରୁବ୍ରହ୍ମଙ୍କୁ

ଶଙ୍ଖନାଭି ମଣ୍ଡଳରେ ନିତ୍ୟଲୀଳା ସ୍ଥଳକୁ
ଚିତ୍ତ ସ୍ଥିର କର ତୋର ପ୍ରଭୁ ଚକାଡୋଳାକୁ
ଏହିପରି ସାମନ୍ତଙ୍କ ବୋଲକରା ହବାକୁ
ବ୍ରାହ୍ମଣ କି ଚଣ୍ଡାଳ ତ ଆଗଭର ଯିବାକୁ
ଭଜ ମନ ପୂର୍ଣ୍ଣବ୍ରହ୍ମ ଦାରୁବ୍ରହ୍ମଙ୍କୁ

ଆହେ ଦୟାମୟ ବିଶ୍ୱ ବିହାରୀ

ଚଳଚ୍ଚିତ୍ର: ବଳିଦାନ (୧୯୭୮)
କଣ୍ଠଶିଳ୍ପୀ: ଏସ. ଜାନକୀ
ସଙ୍ଗୀତ ନିର୍ଦ୍ଦେଶକ: ପ୍ରଫୁଲ୍ଲ କର
ଗୀତିକାର : ରାମକୃଷ୍ଣ ନନ୍ଦ

ଆହେ ଦୟାମୟ ବିଶ୍ୱ ବିହାରୀ
ଘେନ ଦୟା ବହି ମୋର ଗୁହାରି
ଜଳ ସ୍ଥଳ ବନ ଗିରି ଆକାଶ
ତୁମ ଲୀଳା ସବୁଠାରେ ପ୍ରକାଶ

ତୁମେ ଶୁଭ ବୁଦ୍ଧି ପରା ଶିଖାଅ
ତୁମେ ଭଲ ବାଟ ପରା ଦେଖାଅ
ମୋର କାମକୁ କରାଅ ସରସ
ମୋର ମୁଖେ ଦିଅ ଚିର ହରଷ
ତୁମ ଚରଣରେ ମୋର ଭକତି
ଦିଅ ବିପଦେ ସାହସ ଶକତି

କୂଟ କପଟ ସ୍ୱଭାବ ଯାହାର
ତାଙ୍କୁ ଦୂରୁ ମୁଁ କରଇ ଜୁହାର
ମୋତେ ଖଳ ଅଳସୁଆ ନିକଟେ
ନିଅ ନାହିଁ ସୁଖେ ଅବା ସଙ୍କଟେ
ମୋତେ ନ ମିଶାଅ ତାଙ୍କ ସାଥିରେ
ସଦା ରଖ ସାଧୁଜନ କତିରେ
ଦୟା ବିନୟ ହେଉ ମୋ ଭୂଷଣ
କାହା ମନେ ନ ଦିଏ ମୁଁ କଷଣ

ଦୁଃଖୀ ଅରକ୍ଷିତ ସେବା କାରଣେ
ବଳ ଦିଅ ମୋର କର ଚରଣେ
ସତ କହିବାକୁ କିଆଁ ଡରିବି
ସତ କହି ପଛେ ମଲେ ମରିବି
ମୋତେ ଏତିକି ଶିଖାଅ ସାଇଁ ହେ
ମୋର ଧନ ଜନ ଲୋଡ଼ା ନାହିଁ ହେ

ଚଳଚ୍ଚିତ୍ରରେ ଭକ୍ତିଗୀତଟିର ଆଂଶିକ ପରିବେଷଣ ହୋଇଥିବା ସତ୍ତ୍ୱେ ଏହା ଏକ ବହୁଜନବିଦିତ ପାରମ୍ପରିକ ଭକ୍ତିଗୀତ ହୋଇଥିବାରୁ ସମ୍ପୂର୍ଣ୍ଣ ରଚନାଟି ଏଠାରେ ପ୍ରକାଶିତ କରାଗଲା

ଆହେ କଳା ଶ୍ରୀମୁଖ

ଚଳଚ୍ଚିତ୍ର: ଅଗ୍ନି ପରୀକ୍ଷା (୧୯୮୦)
କଣ୍ଠଶିଳ୍ପୀ: ଭିକାରି ବଳ
ସଙ୍ଗୀତ ନିର୍ଦ୍ଦେଶକ: ଶାନ୍ତନୁ ମହାପାତ୍ର
ଗୀତିକାର : ଗୁରୁକୃଷ୍ଣ ଗୋସ୍ୱାମୀ

ଆହେ କଳା ଶ୍ରୀମୁଖ
ଶୁଣ ଶୁଣ ବାରେ ଡାକ
ମଝି ଦରିଆରେ ମୋତେ ଭସାଇଲେ
ମିଳିବ ତୋତେ କି ସୁଖ
ଆହେ କଳା ଶ୍ରୀମୁଖ

ତୁହି ପରା ଧାତା, ଜଗତ କରତା
ତୋର ବିନା ଗତି ନାହିଁ
ଯାହା ମୁହିଁ କରେ ତୁହି ତ କରାଉ
ଦୋଷାଦୋଷ ମୋର କାହିଁ
ହେ ପଙ୍କଜମୁଖ, କରୁ କିପାଁ ଏ ପରଖ
ଆହେ କଳା ଶ୍ରୀମୁଖ, ଶୁଣ ଶୁଣ ବାରେ ଡାକ

ମିଳୁ ଫୁଲମାଳି ଅବା ଚୁନକାଳି
ମୋତେ ମୋ କରମ ପାଇଁ
କପାଳରେ ଥିଲା ବୋଲି ଭାବିନେବି
ଶୋଚନା କରିବି ନାହିଁ
ହେ ପଙ୍କଜମୁଖ, ନ ହେବି ତିଳେ ବିମୁଖ
ଆହେ କଳା ଶ୍ରୀମୁଖ, ଶୁଣ ଶୁଣ ବାରେ ଡାକ

ଆହେ ନୀଳ ଶଇଳ

ଚଳଚ୍ଚିତ୍ର: ଭକ୍ତ ସାଲବେଗ (୧୯୮୩)
କଣ୍ଠଶିଳ୍ପୀ: ଭିକାରି ବଳ
ସଙ୍ଗୀତ ନିର୍ଦ୍ଦେଶକ: ଭୁବନେଶ୍ୱର ମିଶ୍ର
ଗୀତିକାର: ସାଲବେଗ

ଆହେ ନୀଳ ଶଇଳ ପ୍ରବଳ ମତ୍ତ ବାରଣ
ମୋ ଆରତ ନଳିନୀ ବନକୁ କର ଦଳନ
ଆହେ ନୀଳ ଶଇଳ

ଗଜରାଜ ଚିନ୍ତା କଲା ଥାଇ ଘୋର ଜଳେଣ
ଚକ୍ର ପେଷି ନକ୍ର ନାଶି ଉଦ୍ଧାରିଲ ଆପଣ
ଆହେ ନୀଳ ଶଇଳ

ଘୋର ବନେ ମୃଗୁଣୀକୁ ପଡିଥିଲା କଷଣ
କେଡେ ବଡ ବିପତ୍ତିରୁ କରିଅଛ ତାରଣ
ଆହେ ନୀଳ ଶଇଳ

କୁରୁସଭା ତଳେ ଶୁଣି ଦ୍ରୌପଦୀର ଜଣାଣ
କୋଟି ବସ୍ତ୍ର ଦେଇ ହେଲେ ଲଜ୍ଜା କଲ ବାରଣ
ଆହେ ନୀଳ ଶଇଳ

ରାବଣର ଭାଇ ବିଭୀଷଣ ଗଲା ଶରଣ
ଶରଣ ସମ୍ଭାଳି ତାକୁ ଲଙ୍କେ କଲ ରାଜନ
ଆହେ ନୀଳ ଶଇଳ

ପ୍ରହଲ୍ଲାଦ ପିତା ସେ ଯେ ବଡ଼ ଦୁଷ୍ଟ ଦାରୁଣ
ସ୍ତମ୍ଭରୁ ବାହାରି ତାକୁ ବିଦାରିଲ ତତ୍‌କ୍ଷଣ
ଆହେ ନୀଳ ଶଇଳ

କହେ ସାଲବେଗ ହୀନ ଜାତିରେ ମୁଁ ଯବନ
ଶ୍ରୀରଙ୍ଗା ଚରଣ ତଳେ କରୁଅଛି ଜଣାଣ
ଆହେ ନୀଳ ଶଇଳ

ଚଳଚିତ୍ରରେ ଭକ୍ତିଗୀତଟିର ଆଂଶିକ ପରିବେଷଣ ହୋଇଥିବା ସତ୍ତ୍ୱେ ଏହା ଏକ ବହୁଜନବିଦିତ ପାରମ୍ପରିକ ଭକ୍ତିଗୀତ ହୋଇଥିବାରୁ ସମ୍ପୂର୍ଣ୍ଣ ରଚନାଟି ଏଠାରେ ପ୍ରକାଶିତ କରାଗଲା।

ଅଖିଳ ବ୍ରହ୍ମାଣ୍ଡପତି ମୋ ଜୀବନ ସ୍ୱାମୀ

ଚଳଚ୍ଚିତ୍ର: ରାମ ବଳରାମ (୧୯୮୦)
କଣ୍ଠଶିଳ୍ପୀ: ଏସ୍. ଜାନକୀ ଓ ସାଥୀ
ସଙ୍ଗୀତ ନିର୍ଦ୍ଦେଶକ: ପ୍ରଫୁଲ୍ଲ କର
ଗୀତିକାର: ଭକ୍ତକବି ମଧୁସୂଦନ ରାଓ

ଅଖିଳ ବ୍ରହ୍ମାଣ୍ଡପତି ମୋ ଜୀବନ ସ୍ୱାମୀ
ହେ ପରମ ପିତାମାତା, ପ୍ରଭୁ ଅନ୍ତର୍ଯ୍ୟାମୀ
ଧନ୍ୟ କରୁଣା ତୋହର
ଏ କରୁଣା ସିନ୍ଧୁ କାହିଁ ତାର ପଟାନ୍ତର
ଧନ୍ୟ କରୁଣା ତୋହର

ବ୍ରହ୍ମାଣ୍ଡର ଆଦି ମୂଳ ନିଖିଳ ବିଧାତା
ସକଳ କଳୁଷହାରୀ ହେ ମଙ୍ଗଳଦାତା
ତୋର ମଙ୍ଗଳ ସଙ୍ଗୀତ
ନିଖିଳ ଭୁବନ ଗାଏ ହୋଇ ବିମୋହିତ
ତୋର ମଙ୍ଗଳ ସଙ୍ଗୀତ

ତ୍ରିଲୋକ ଭାସ୍କର ଚନ୍ଦ୍ର ନକ୍ଷତ୍ର ନିକର
ଅନ୍ତରୀକ୍ଷେ ସମୀରଣ ସଙ୍ଗେ ଜଳଧର
ପ୍ରଭୁ ଭୂଲୋକ ସାଗର
ଅଚଳ ଗହନ ନଦୀ ପଶୁ ପକ୍ଷୀ ନର
ପ୍ରଭୁ ଭୂଲୋକ ସାଗର

ହେ ଆନନ୍ଦମୟ କୋଟି ଭୁବନ ପାଳକ
ଅଧମ ଅକ୍ଷମ ମୁହିଁ ଅବୋଧ ବାଳକ
ଜ୍ଞାନଦାତା ଭଗବାନ
ଦିଅ ମୋତେ ଶୁଭବୁଦ୍ଧି ଦିଅ ଦିବ୍ୟଜ୍ଞାନ
ଜ୍ଞାନଦାତା ଭଗବାନ

ବିରାଜିତ ତୁହି ନାଥ ସକଳ ଜୀବନେ
ସମ୍ପଦେ ବିପଦେ ସଦା ଜୀବନେ ମରଣେ
ପୂର୍ଣ୍ଣ ମଙ୍ଗଳ ଆଳୟ
ଦେଉଅଛୁ ସର୍ବ ଜନେ ଅଭୟ ଆଶ୍ରୟ
ପୂର୍ଣ୍ଣ ମଙ୍ଗଳ ଆଳୟ

ସତ୍ୟ ପଥେ ଧର୍ମ ପଥେ ଘେନିଯାଅ ମୋତେ
ଭସାଅ ପରାଣ ମୋର ତବ ପ୍ରେମ ସ୍ରୋତେ
ପ୍ରଭୁ ପରମ ଶରଣ
ଏ ଜୀବନ ଶ୍ରୀଚରଣେ କଲି ସମର୍ପଣ
ପ୍ରଭୁ ପରମ ଶରଣ

ଚଳଚ୍ଚିତ୍ରରେ ଭକ୍ତିଗୀତଟିର ଆଂଶିକ ପରିବେଷଣ ହୋଇଥିବା ସତ୍ତ୍ୱେ ଏହା ଏକ ବହୁଜନବିଦିତ ପାରମ୍ପରିକ ଭକ୍ତିଗୀତ ହୋଇଥିବାରୁ ସମ୍ପୂର୍ଣ୍ଣ ରଚନାଟି ଏଠାରେ ପ୍ରକାଶିତ କରାଗଲା।

ଆରତ ସୁରେ ବାରେ

ଚଳଚ୍ଚିତ୍ର: ଲକ୍ଷ୍ମୀ (୧୯୬୨)
କଣ୍ଠଶିଳ୍ପୀ: ସିକନ୍ଦର ଆଲାମ
ସଙ୍ଗୀତ ନିର୍ଦ୍ଦେଶକ: ବାଳକୃଷ୍ଣ ଦାସ
ଗୀତିକାର : ଶାରଦା ପ୍ରସନ୍ନ ନାୟକ

ଆରତ ସୁରେ ବାରେ କରେ ମିନତିରେ
ଚକା ନୟନ ଚାହାଁ ମାଗେ ମାଗୁଣିରେ

କଳା କଳା ଦୁଇ ଆଖି ମନ କେତେ ଖୋଜିଲା
ଉଷା କାଳ ରବି ଛବି ମନେ ମନେ ହଜିଲା
ଆଖି ନାହିଁ ସାକ୍ଷୀ ନାହିଁ ସାଥି କାହିଁ ଝୁରେରେ
ଚକା ନୟନ ଚାହାଁ ମାଗେ ମାଗୁଣିରେ

ନ ଦେଲେ ନ ଦିଅ ପଛେ ଆଖିରେ ମୋ ପରଶ
ସବୁରି ପରାଣୁ ପ୍ରଭୁ ନ ନିଭାଅ ହରଷ
ବିଲ ବନ ଗିରି ଶିରି କେତେ ରଙ୍ଗେ ଭରାରେ
ଚକା ନୟନ ଚାହାଁ ମାଗେ ମାଗୁଣିରେ

ସବୁଜ ପତରେ ଧୀରେ ହାତ ତୁମେ ରଖିଲେ
ସବୁଜ ପଥରେ ଥରେ ପାଦ ତୁମେ ଥାପିଲେ
ନଈ ନାଳ ତୋଟା ମାଳ ଫୁଲେ ଫୁଲି ହସେରେ
ଚକା ନୟନ ଚାହାଁ ମାଗେ ମାଗୁଣିରେ

ଘର ଛାଡି ପରଦେଶେ ପରଦେଶୀ ପଥିକ
ନ ଭାବ ଏ ଭବେ ଅଛି ଜଣେ ଏକା ନାବିକ
ଭାଙ୍ଗେ ସେହି ଗଢେ ସେହି ନୀଳଗିରି କନ୍ଦରେ
ଚକା ନୟନ ଚାହାଁ ମାଗେ ମାଗୁଣିରେ

ଆରେ ବାବୁ ଶ୍ୟାମଘନ

ଚଳଚ୍ଚିତ୍ର: ମଥୁରା ବିଜୟ (୧୯୭୯)
କଣ୍ଠଶିଳ୍ପୀ: ଗୀତା ପଟ୍ଟନାୟକ
ସଙ୍ଗୀତ ନିର୍ଦ୍ଦେଶକ: ବାଳକୃଷ୍ଣ ଦାସ
ଗୀତିକାର : ଭକ୍ତ ଚରଣ ଦାସ

ଆରେ ବାବୁ ଶ୍ୟାମଘନ, ତୁ ଗଲେ ମଧୁ ଭୁବନ
କାହା ମୁଖ ଅନାଇ ବଞ୍ଚିବି
ହେବ ଦଶଦିଗ ଶୁନ୍ୟ, ଅସ୍ଥିର ହେବ ଜୀବନ
ନିଶି ଦିବସରେ ଝୁରୁଥିବିରେ ଜୀବଧନ
ଜୀବନ ବିହୁନେ ଯେହ୍ନେ ଝସ
ରାଜା ବିନେ ଯେହ୍ନେ ଗ୍ରାମଦେଶରେ ଜୀବଧନ
ଜୀବନ ବିହୁନେ ଯେହ୍ନେ ଝସ ...

କାହା ଅଙ୍ଗେ ଚତୁଃସମ, ଲେପିବି କରି ସୁଷମ
ନିଦ୍ରାରେ କେ ହେଉଥିବ ଘାରି
କାହାକୁ ଅଞ୍ଜନ ଦେବି, ବସ୍ତ୍ର ପାତି ଶୁଆଇବି
ପିତାଙ୍କୁ ମାଗିବ କେହୁ ହରିରେ ଜୀବଧନ
ଏ କଥା ସୁମରି ଯିବି ମରି
ନିଶ୍ଚେ ଯେବେ ଯିବୁ ମଧୁପୁରୀରେ ଜୀବଧନ
ଏ କଥା ସୁମରି ଯିବି ମରି ...

ବାନ୍ଧିବି କାହାର କେଶ, କୁସୁମେ କରି ସୁବେଶ
କାହା ଲଲାଟରେ ଦେବି ଚିତା
କାହାର କର୍ଣ୍ଣେ କୁଣ୍ଡଳ, ଖଞ୍ଜିବିରେ ମୋର ବାଳ
କାହା ପାଇଁ କରୁଥିବି ଚିନ୍ତାରେ ଜୀବଧନ
କାହା ଅଙ୍ଗୁ ଧୂଳି ଦେବି ପୋଛି
ଝିନ ବାସ ପିନ୍ଧାଇବି ବାଛିରେ ଜୀବଧନ
କାହା ଅଙ୍ଗୁ ଧୂଳି ଦେବି ପୋଛି ...

ଯେତେବେଳେ ବନେ ଯାଉ, ସଙ୍ଗେ ମୋର ପ୍ରାଣ ନେଉ
ନିମିଷେ ବିଚ୍ଛେଦ ନ ସହଇ
ଏବେ ଯିବୁ ମଥୁରାକୁ, ମୋତେ ସମର୍ପି କାହାକୁ
ଚନ୍ଦ୍ରମୁଖ ନ ଦେଖିଲେ ମୁହିଁରେ ଜୀବଧନ
ଜୀବନ ହାରିବି ଗଣ୍ଡ ଜଳେ
ତୁ ମୋତେ ଅନ୍ତର ହେଲେ ତିଳେରେ ଜୀବଧନ
ଜୀବନ ହାରିବି ଗଣ୍ଡ ଜଳେ ...

ଚଳଚିତ୍ରରେ ଭକ୍ତିଗୀତଟିର ଆଂଶିକ ପରିବେଷଣ ହୋଇଥିବା ସତ୍ତ୍ୱେ ଏହା ଏକ ବହୁଜନବିଦିତ ପାରମ୍ପରିକ ଭକ୍ତିଗୀତ ହୋଇଥିବାରୁ ସମ୍ପୂର୍ଣ୍ଣ ରଚନାଟି ଏଠାରେ ପ୍ରକାଶିତ କରାଗଲା।

ବାଧିଲା ଜାଣି କ୍ଷମା

ଚଳଚ୍ଚିତ୍ର: ମୁକ୍ତି (୧୯୭୭)
କଣ୍ଠଶିଳ୍ପୀ: ପ୍ରଫୁଲ୍ଲ କର
ସଙ୍ଗୀତ ନିର୍ଦ୍ଦେଶକ: ପ୍ରଫୁଲ୍ଲ କର
ଗୀତିକାର: କବିସୂର୍ଯ୍ୟ ବଳଦେବ ରଥ

ବାଧିଲା ଜାଣି କ୍ଷମା, କର ନୋହିଲେ ରମା,
ରମଣ ଦଣ୍ଡେ ଦିଅ ଟାଳି
ତୁମ୍ଭଙ୍କୁ ଜଗନ୍ନାଥ, ଆଜ ମୋ ମନୋରଥ
ଭରତି କରିଦେବି ଗାଳି, ହେ କୃପାନିଧି ...
କରୁଣାସିନ୍ଧୁ ବୋଲି କରି, କହନ୍ତି ବୁଦ୍ଧେ ଡରି ମରି
କାଳ ସର୍ପ ଆପଣ, କବଳ କର ପ୍ରାଣ
ପବନ ମାନଙ୍କୁ ସବୁରି, ହେ କୃପାନିଧି ...

ଜଳଧି ଅନ୍ତେ ନିଜ, ଘର ଦେବାଧିରାଜ
ବୁଡ଼ାଇ ଦେଇଛ ଆପଣ
ତୁମ୍ଭରି ସିନା ଘେନ, ଆଶ୍ଚର୍ଯ୍ୟ ନୋହେ ଆନ
ଜନର ଘରବୁଡ଼ା ପଣ, ହେ କୃପାନିଧି ...
ଭୁଜଙ୍ଗ ସାମ୍ୟ ଆମ୍ଭ ତୁଲେ, ବତାଅ ବୋଲି ଆଜ୍ଞା ହେଲେ
ମୁଁ ନୁହେଁ ଘରବୁଡା, ବତାଇବାକୁ ଛିଡ଼ା
ହୋଇଛି ବତାଇବି ଭଲେ, ହେ କୃପାନିଧି ...

ତାହାକୁ ବୋଲି ଚକ୍ରୀ, ଚକ୍ର ଥିବାରୁ ଚକ୍ରୀ
ତୁମ୍ଭେ ତ ବୋଲାଅ ମଣ୍ଡଳେ
ବେଢାରେ କୁଣ୍ଡଳୀ ସେ ଆପଣ ତ ବିଶେଷେ
ଭୂଷିତ ମକର କୁଣ୍ଡଳେ, ହେ କୃପାନିଧି ...

ଅଦୃଶ୍ୟ ହେବାରୁ ତା ପାଦ, ତାହାକୁ ବୋଲି ଗୁଢ଼ ପାଦ
ଆପଣା ଚରଣ ତ ବିରଞ୍ଚିକୁ ଗୁପତ
କାହିଁ ତାଠାରୁ ତୁମ୍ଭ ଭେଦ, ହେ କୃପାନିଧି ...

କହଇ କବିସୂର୍ଯ୍ୟ ନାଥ ନୁହଁ ଅଧୈର୍ଯ୍ୟ
ଏଡ଼ିକି ମହତ ନ ଯାଉ
ମୁଁ ତୁମ୍ଭ ପରିଚାର ଜାଣିଲେ କି ବିଚାର
ଇତରେ ନ ଜାଣନ୍ତୁ ଆଉ, ହେ କୃପାନିଧି ...
ଯେତେବେଳେ ମୋ ଅନ୍ତ ହେବ, ଏତିକି ମାତ୍ର ମୋତେ ଦେବ
କରେ ତରାଟ ଦ୍ୱାର ସୀମାରୁ ପରିହାର
କରାଇ ଯହିଁ ତହିଁ ନେବ, ହେ କୃପାନିଧି ...
ଏତିକି ମାତ୍ର ମୋତେ ଦେବ, ଯେତେବେଳେ ମୋ ଅନ୍ତ ହେବ

ଚଳଚିତ୍ରରେ ଭକ୍ତିଗୀତଟିର ଆଂଶିକ ପରିବେଷଣ ହୋଇଥିବା ସତ୍ତ୍ୱେ ଏହା ଏକ ବହୁଜନବିଦିତ ପାରମ୍ପରିକ ଭକ୍ତିଗୀତ ହୋଇଥିବାରୁ ସମ୍ପୂର୍ଣ୍ଣ ରଚନାଟି ଏଠାରେ ପ୍ରକାଶିତ କରାଗଲା।

ବଡ଼ ଦେଉଳେ ବଡ଼ ଦିଅଁ କାହିଁକି

ଚଳଚ୍ଚିତ୍ର: କନକଲତା (୧୯୭୪)
କଣ୍ଠଶିଳ୍ପୀ: ସିକନ୍ଦର ଆଲାମ
ସଙ୍ଗୀତ ନିର୍ଦ୍ଦେଶକ: ଶ୍ରୀ କୁମାର ଓ ବାଳକୃଷ୍ଣ ଦାସ
ଗୀତିକାର: କବିଚନ୍ଦ୍ର କାଳୀଚରଣ ପଟ୍ଟନାୟକ

ବଡ଼ ଦେଉଳେ ବଡ଼ ଦିଅଁ କାହିଁକି
ବଡ଼ ଦେଉଳେ ବଡ଼ ଦିଅଁ କାହିଁକି
ବଡ଼ ବୋଲାଇ ଲାଜ ନାହିଁକି
ବଡ଼ ଦେଉଳେ ବଡ଼ ଦିଅଁ କାହିଁକି

ବଡ଼ ଦିଅଁ ବଡ଼ ଦିଅଁ ପଡିଛି ହୁରି
ହରି ହେ ପଡିଛି ହୁରି
ବଡ଼ କି କରିଛ କହ କାହିଁ କାହାରି
ସୁଖ ବା ଦୁଃଖ ଯାହା, ଭୋଗିଲି ସବୁ ତାହା
ଆହା ପଦକୁ ସାହା ନାହିଁ କେ ଚଉବାହା
ମୋ କରମ ବଦଳ ନାହିଁ ତ ତୁମ ବଳ
ମୋ କରମ ବଦଳ ନାହିଁ ତ ତୁମ ବଳ
ଜଗନ୍ନାଥ ...
କି ହେବ ପ୍ରଭୁ ପଣେ ଥାଇକି ହେ ଥାଇକି
ବଡ଼ ଦେଉଳେ ବଡ଼ ଦିଅଁ କାହିଁକି

ଆପଣା କରମ ଯେବେ ଭୁଞ୍ଜିବା ଲେଖା
ହରି ହେ ଭୁଞ୍ଜିବା ଲେଖା
କାହିଁକି ବୋଲାଅ ଦୀନ ଜନର ସଖା
କରମଫଳ ଥିଲେ ସୁଫଳ ଫଳେ ବଳେ
ଅଦଳ ବଦଳକୁ ନାହିଁ କେ ଶୁଣିବାକୁ
ଦୁଃଖର ସାଥି ପରା ତୁମେ ମୁରଲୀ ଧରା
ଦୁଃଖର ସାଥି ପରା ତୁମେ ମୁରଲୀ ଧରା
ଜଗନ୍ନାଥ ...
ରାଧା ମରିଛି ଝୁରି ଝୁରିକି ହେ ଝୁରିକି
ବଡ଼ ଦେଉଳେ ବଡ଼ ଦିଅଁ କାହିଁକି

ବେଦନା ଭରା ଜୀବନ ମୋର

ଚଳଚ୍ଚିତ୍ର: ବତାସୀ ଝଡ (୧୯୮୧)
କଣ୍ଠଶିଳ୍ପୀ: ହେମଲତା
ସଙ୍ଗୀତ ନିର୍ଦ୍ଦେଶକ: ସଲିଲ ଚୌଧୁରୀ
ଗୀତିକାର : ଅତୁଳ ମହାକୁଡ଼

ବେଦନା ଭରା ଜୀବନ ମୋର
କରୁଣାରେ ଦିଅ ଭରି ... ହୋ ... କରୁଣାରେ ଦିଅ ଭରି
ତୁମ ପୂଜାର ପ୍ରଦୀପ ଜାଳୁଛି ପ୍ରଭୁ ହେ
ଆଲୋକ ଯାଇଛି ସରି
ବେଦନା ଭରା ଜୀବନ ମୋର ...

ମାଟିର ସଂସାର ତୁମ ଖେଳନା
ତୁମରି ଗଢ଼ା ସୁଖ ଯାତନା
ଜୀବନ ଜହର ମୁଁ ପିଇନେଲି ସିନା ଝୁରି ଝୁରି ...
ଲୁହ ଭରି ...
ବେଦନା ଭରା ଜୀବନ ମୋର
କରୁଣାରେ ଦିଅ ଭରି ... ହୋ ... କରୁଣାରେ ଦିଅ ଭରି

ହତାଶ ବତାସ ଭରା ଜୀବନ
ମୋ ପଥେ ଖାଲି ମରୁ ଶ୍ମଶାନ
ଜୀବନ ସାହାରାରେ ଚାଲେ ଖାଲି ମୁଁ ଯେ ଝୁରି ଝୁରି ...
ଲୁହ ଭରି ...
ବେଦନା ଭରା ଜୀବନ ମୋର
କରୁଣାରେ ଦିଅ ଭରି ... ହୋ ... କରୁଣାରେ ଦିଅ ଭରି

ଭବ ସାଗର ତାରଣ କାରଣ ହେ

ଚଳଚ୍ଚିତ୍ର: ଅଭିଳାଷ (୧୯୮୩)
କଣ୍ଠଶିଳ୍ପୀ: ଭିକାରି ବଳ
ସଙ୍ଗୀତ ନିର୍ଦ୍ଦେଶକ: ସରୋଜ ପଟ୍ଟନାୟକ
ମୂଳ ବଙ୍ଗଳାରୁ ଓଡ଼ିଆ ଅନୁବାଦ: ସଂଗ୍ରାମ ମହାନ୍ତି

ଭବ ସାଗର ତାରଣ କାରଣ ହେ
ରବି ନନ୍ଦନ ବନ୍ଧନ ଖଣ୍ଡନ ହେ
ଶରଣାଗତ କିଙ୍କର ଭୀତ ମନେ
ଗୁରୁଦେବ ଦୟାକର ଦୀନଜନେ

ହୃଦ କନ୍ଦର ତାମସ ଭାସ୍କର ହେ
ତୁମେ ବିଷ୍ଣୁ ପ୍ରଜାପତି ଶଙ୍କର ହେ
ପରଂବ୍ରହ୍ମ ପରାପର ବେଦ ଭଣେ
ଗୁରୁଦେବ ଦୟାକର ଦୀନଜନେ

ରିପୁସୂଦନ ମଙ୍ଗଳ ନାୟକ ହେ
ସୁଖ ଶାନ୍ତି ବରାଭୟ ଦାୟକ ହେ
ତ୍ରୟ ତାପ ହରେ ତବ ନାମ ଗୁଣେ
ଗୁରୁଦେବ ଦୟାକର ଦୀନଜନେ

ଜୟ ସଦ୍‌ଗୁରୁ ଈଶ୍ୱର ପ୍ରାପକ ହେ
ଭବ ରୋଗ ବିକାର ବିନାଶକ ହେ
ମନ ଧ୍ୟାନ ରହୁ ତବ ଶ୍ରୀଚରଣେ
ଗୁରୁଦେବ ଦୟାକର ଦୀନଜନେ

ଭାଗ୍ୟ ମୋର

ଚଳଚ୍ଚିତ୍ର: ସତୀ ଅନସୂୟା (୧୯୭୮)
କଣ୍ଠଶିଳ୍ପୀ: ବାଣୀ ଜୟରାମ
ସଙ୍ଗୀତ ନିର୍ଦ୍ଦେଶକ: ପ୍ରଫୁଲ୍ଲ କର
ଗୀତିକାର: ପ୍ରଫୁଲ୍ଲ କର

ଭାଗ୍ୟ ମୋର, ସତେ କି ନୟନ ଲଭିବ ଦର୍ଶନ
ଶ୍ରୀରାମ ରଘୁବୀର ... ଶ୍ରୀରାମ ରଘୁବୀର
କହରେ ନଦୀ ଗିରି ବନ ... ସେ ରୂପ ଲାବଣ୍ୟ
ସତେ କେଡେ ମନୋହର
ଶ୍ରୀରାମ ରଘୁବୀର ... ଶ୍ରୀରାମ ରଘୁବୀର

ଜ୍ୟୋତି ଶକ୍ତିହୀନ ... ଏ ମୋର ନୟନ
ଲୋତକରେ ଯାଏ ଭରି
କେମିତି ଦେଖିବି ... କମନୀୟ ଛବି
ସୀତାପତି ଧନୁର୍ଦ୍ଧାରୀ
ହେଲା ଆଜି ଧନ୍ୟ, ଏ ମୋର ଜୀବନ
ଶ୍ରୀଅଙ୍ଗ ପରଶେ ଯାର
ଶ୍ରୀରାମ ରଘୁବୀର ... ଶ୍ରୀରାମ ରଘୁବୀର

ସୁନ୍ଦର ଚିର ସୁନ୍ଦର ... ପୁରୁଷୋତ୍ତମ ହେ ସୁନ୍ଦର
ଶ୍ୟାମଳ କାନ୍ତି ଶ୍ୟାମଳ ରାଜୀବ ନେତ୍ର ସୁନ୍ଦର
ଭାଗ୍ୟ ମୋର ଜଗତର ପତି ... ଆଜି ମୋ ଅତିଥି
ଶ୍ରୀରାମ ରଘୁବୀର ... ଶ୍ରୀରାମ ରଘୁବୀର

ଭଜୁ କିନା ରାମ ନାମ

ଚଳଚ୍ଚିତ୍ର: କନକଲତା (୧୯୭୪)
କଣ୍ଠଶିଳ୍ପୀ: ଭିକାରି ବଳ
ସଙ୍ଗୀତ ନିର୍ଦ୍ଦେଶକ: ଶ୍ରୀ କୁମାର ଓ ବାଳକୃଷ୍ଣ ଦାଶ
ଗୀତିକାର : ଟୀକା ଗୋବିନ୍ଦ ଚନ୍ଦ୍ର

ଭଜୁ କିନା ରାମ ନାମରେ କୁମର
ଜପୁ କିନା ରାମ ନାମ
ଭଜି ନ ପାରିଲେ କୁଳ ଚନ୍ଦ୍ରମାରେ
ବାନ୍ଧିନେବ କାଳ ଯମରେ କୁମର
ବାନ୍ଧିନେବ କାଳ ଯମ

ସେହି କାଳ ଯମ ବଡ଼ ଦାରୁଣରେ
ନ ଜାଣଇ ଦୁଃଖ ସୁଖ
ବାଛିନେବ କଞ୍ଚା ରଖିବ ପାଚିଲା
ଦେବଟି ଦାରୁଣ ଦୁଃଖରେ କୁମର
ଦେବଟି ଦାରୁଣ ଦୁଃଖ

କି କରିବେ ତୋର ମାୟା ଶିରୀ ମାନେ
ମାୟାରେ ହୋଇଛୁ ଭୋଳ
ଆଜି ମଲେ କାଲି ହେବ ଦୁଇ ଦିନ
ଏ ସବୁ ମାୟା ସଂସାରରେ କୁମର
ଏ ସବୁ ମାୟା ସଂସାର

ଯାହାଦେବୁ ହସ୍ତ ଟେକିରେ କୁମର
ଯାହାଦେବୁ ହସ୍ତ ଟେକି
ଦକ୍ଷିଣ ହସ୍ତରେ ଯେ ଧର୍ମ କରିବୁ
ସେ ହେବ ପଥ ସଙ୍ଖାଳିରେ କୁମର
ସେ ହେବ ପଥ ସଙ୍ଖାଳି

ଆସିବା ବେଳରେ ଏକାରେ କୁମର
ଗଲାବେଳେ ଯିବୁ ଏକା
ମଲେ ତୋ ସଙ୍ଗତେ କେହି ସେ ନ ଯିବେ
ଧର୍ମ ହେଲେ ହେବ ସଖାରେ କୁମର
ଧର୍ମ ହେଲେ ହେବ ସଖା

ପକାଇ ଆସିରେ ମଶାଣି ଭୂଇଁରେ
ଦୁଆରେ ଦେବେ ଗୋବର
ମଲା ମଲା ବୋଲି ଦି ଘଡି କାନ୍ଦିବେ
କେହି ନ ଯିବେ ସଙ୍ଗରରେ କୁମର
କେହି ନ ଯିବେ ସଙ୍ଗର

ଭଜୁ କିନା ରାମ ନାମରେ କୁମର ...

ବିଶ୍ୱଜୀବନ ହେ

ଚଳଚ୍ଚିତ୍ର: ଅସ୍ତରାଗ (୧୯୮୨)
କଣ୍ଠଶିଳ୍ପୀ: ବାଣୀ ଜୟରାମ
ସଙ୍ଗୀତ ନିର୍ଦ୍ଦେଶକ: ପ୍ରଫୁଲ୍ଲ କର
ଗୀତିକାର: ସ୍ୱଭାବକବି ଗଙ୍ଗାଧର ମେହେର

ବିଶ୍ୱଜୀବନ ହେ ତୁମ୍ଭଙ୍କୁ କରୁଣା ସିନ୍ଧୁ
ବୋଲିବାକୁ ମନ ବଳୁନାହିଁ ଯେଣୁ ସିନ୍ଧୁ ତୁମ କୃପାବିନ୍ଦୁ
ବିଶ୍ୱଜୀବନ ହେ ...

ତୁମ୍ଭ ଭଜନରେ ହେବି ନାହିଁ ନାଥ, ମାଳା ଜପିବାକୁ ବାଧ
କୋଟି କୋଟି ଗ୍ରହ କଣ୍ଠି ସେ ମାଳାର, କେ ଜପି କରିବ ସାଧ
ବିଶ୍ୱଜୀବନ ହେ ...

ଦେଇନାହଁ ବଳ ପାଦଧୂଳି ଘେନି ପାରିବ ନାହିଁ ମୋ ମୁଣ୍ଡ
କୋଟି କୋଟି ରବି ଧୂଳି ରୁପେ ତୁମ୍ଭ ପାଦେ ହୋଇଛନ୍ତି ରୁଣ୍ଡ
ବିଶ୍ୱଜୀବନ ହେ ...

ହୃଦୟର କଥା ଜାଣିବାକୁ ଅଛି ତୁମ୍ଭର ଅସୀମ ଶକ୍ତି
ସେତିକି ଘେନିବ ଯେତିକି ଅଛି ମୋ ହୃଦେ ତୁମ୍ଭ ପ୍ରତି ଭକ୍ତି
ବିଶ୍ୱଜୀବନ ହେ ...

ଥାପିବାକୁ ତୁମ୍ଭ ମୂରତି ମୋ କ୍ଷୁଦ୍ର ହୃଦୟରେ ନାହିଁ ସ୍ଥାନ
ସର୍ଷପ ଗରଭେ ରହି କି ପାରଇ ହିମାଳୟ ସାନୁ ମାନ
ବିଶ୍ୱଜୀବନ ହେ ...

କି ଦେଇ ପୂଜିବି ଯାହା ମୁଁ ଦେଖୁଚି, ସବୁ ତୁମରି ପ୍ରସାଦ
ଯାହା ପରସାଦ ତାଙ୍କୁ ଅରପିଲେ ହେବ ସିନା ଅପରାଧ
ବିଶ୍ୱଜୀବନ ହେ ...

ମୁଁ କାର ମାତର ମୋର ନୁହେଁ ବୋଲି କହିବାକୁ ନାହିଁ ବାଟ
ଦୂରୁ ଶ୍ରୀଚରଣେ ଅର୍ପଣ କରୁଛି ଘେନ ହେ ବିଶ୍ୱ ସମ୍ରାଟ
ବିଶ୍ୱଜୀବନ ହେ ...

ଚଳଚିତ୍ରରେ ଭକ୍ତିଗୀତଟିର ଆଂଶିକ ପରିବେଷଣ ହୋଇଥିବା ସତ୍ତ୍ୱେ ଏହା ଏକ ବହୁଜନବିଦିତ ପାରମ୍ପରିକ ଭକ୍ତିଗୀତ ହୋଇଥିବାରୁ ସମ୍ପୂର୍ଣ୍ଣ ରଚନାଟି ଏଠାରେ ପ୍ରକାଶିତ କରାଗଲା ।

ଚାଲ ସଖି ଆମ୍ଭେ ଦର୍ଶନ କରିବା

ଚଳଚ୍ଚିତ୍ର: ଭକ୍ତ ସାଲବେଗ (୧୯୮୩)
କଣ୍ଠଶିଳ୍ପୀ: ଭିକାରି ବଳ
ସଙ୍ଗୀତ ନିର୍ଦ୍ଦେଶକ: ଭୁବନେଶ୍ୱର ମିଶ୍ର
ଗୀତିକାର: ସାଲବେଗ

ଚାଲ ସଖି ଆମ୍ଭେ ଦର୍ଶନ କରିବା
ନୀଳଗିରି କାଳିଆକୁ
କେଉଁ ସୁରପତି ବେଶ କରିଅଛି
ଗିରିବର ତୋଳିଆକୁ
ସେ ଯେ ଶ୍ରୀମୁଖ ତୋରା
ଶିରେ ସୁନା ସୁତା କେରା କେରା

ଶ୍ୱେତପଦ୍ମ ଆଖି ଦେଖିଲେ ଗୋ ସଖି
ଚିତ୍ତ କି ବାହୁଡେ ଆଉ
କର୍ଣ୍ଣରେ କୁଣ୍ଡଳ ଦିଶେ ଝଲମଲ
କଉସ୍ତୁଭ ଦାଉ ଦାଉ
ସେ ଯେ ହିଆ ବୃଷାଳ
ମିଶାମିଶି ବାରାନିଧି ଫଳ

ଶଙ୍ଖ ଚକ୍ର ଗଦା ପଦ୍ମ ମହାପ୍ରଭୁ
ଧରିଛନ୍ତି ଆଣ୍ଠ କରି
ଦୁଃସହ ଦୁର୍ଗତି ଗ୍ରହ ପୀଡା ମାନେ
ଆଉ କି ପଶିବେ ଡରି
ସେ ଯେ ଦୟାସାଗର
ତାଙ୍କ ପଦ୍ମପାଦେ ଲୟ କର

ଶ୍ରୀ ପୁରୁଷୋତ୍ତମେ ରହଣି କରିବା
ପାଇବା ଛଡା ତୁଳସୀ
କହେ ସାଲବେଗ ସିଂହଦ୍ୱାର ଠାରେ
ହୋଇଥିବା କ୍ଷେତ୍ରବାସୀ
ସେ ଯେ ଆରତ ତ୍ରାଣ
ଚାଲ ଚାଲ ପଶିବା ଶରଣ

ଚଳଚିତ୍ରରେ ଭକ୍ତିଗୀତଟିର ଆଂଶିକ ପରିବେଷଣ ହୋଇଥିବା ସତ୍ତ୍ୱେ ଏହା ଏକ ବହୁଜନବିଦିତ ପାରମ୍ପରିକ ଭକ୍ତିଗୀତ ହୋଇଥିବାରୁ ସମ୍ପୂର୍ଣ୍ଣ ରଚନାଟି ଏଠାରେ ପ୍ରକାଶିତ କରାଗଲା।

ଚକାଆଖି ସବୁ ଦେଖୁଛି

ଚଳଚ୍ଚିତ୍ର: ଚକାଆଖି ସବୁ ଦେଖୁଛି (୧୯୮୯)
କଣ୍ଠଶିଳ୍ପୀ: ଅନୁରାଧା ପୋଡ଼ୱାଲ
ସଙ୍ଗୀତ ନିର୍ଦ୍ଦେଶକ: ଅକ୍ଷୟ ମହାନ୍ତି
ଗୀତିକାର: ଶିର୍ଷାନନ୍ଦ ଦାସ କାନୁନଗୋ

ଚକାଆଖି ସବୁ ଦେଖୁଛି, ସୁଖ ଦୁଃଖ ସବୁ ବୁଝୁଛି
ଜନମ ଦେଇଛି, ମରଣ ଲେଖିଛି
ହାତେ ଧରି କାତ ପାରି କରୁଛି
ଚକାଆଖି ସବୁ ଦେଖୁଛି, ସୁଖ ଦୁଃଖ ସବୁ ବୁଝୁଛି

ଏ ଆଖି ମହିମା କାହାକୁ ଅଜଣା
ଆଖି ନୁହେଁ ଏ ତ ଆଶାର ଝରଣା
ସିଏ ସଭିଙ୍କର ସଭିଏ ତାର, ସାରା ଦୁନିଆକୁ କରିଛି ନିଜର
ଚକାଆଖି ଖେଳ ଖେଳୁଛି, ଆମ ସାଥେ ଡୋରି ଲାଗିଛି
ରତନ ବେଦିରେ ବସି ବସି ସେତ
ଅଧା ଚାନ୍ଦ ଓଠେ ଅଧା ହସୁଛି
ଚକାଆଖି ସବୁ ଦେଖୁଛି, ସୁଖ ଦୁଃଖ ସବୁ ବୁଝୁଛି

ସବୁ ଦେଖୁଛି ସେ କିଛି ଦେଖୁ ନାହିଁ
ସବୁ ଶୁଣୁଛି ସେ କିଛି ଶୁଣୁ ନାହିଁ
ହାତ ନ ଥାଇ ସେ ଗଢିଲା ଦୁନିଆ
ସେଇ ଦୁନିଆରେ ନିତି ଲାଗେ ନିଆଁ
ଚକାଆଖି ସବୁ କରୁଛି, ଛାଟ ଧରି ନାଟ ଦେଖୁଛି
ମେଲି ଚକାଡୋଳା ଦେଖୁଛି ଏ ମେଳା
ହେଲେ ମନେ ହୁଏ ଚେଇଁ ଶୋଇଛି
ଚକାଆଖି ସବୁ ଦେଖୁଛି, ସୁଖ ଦୁଃଖ ସବୁ ବୁଝୁଛି

ଜନମ ଦେଇଛୁ ଜୀବନ ଦେଇଛୁ
ତାଆ ସାଥେ ପୁଣି କଷଣ ଦେଇଛୁ
ବାହା ଛାଇ ତଳେ ଆହା ନ ପାଇଲି
ସାହା କରି ତୋତେ ରାହା ହଜାଇଲି
ଚକାଆଖି ଲୁହ ଦେଇଛି, ପୋଛି ପୋଛି ଦିନ ଯାଉଛି
ଏତେ ଦୁଃଖେ ତୋତେ ପର କରି ନାହିଁ
ତୋରି ଉପରେ ଭରସା ଅଛି
ଚକା ଆଖି ସବୁ ଦେଖୁଛି, ସୁଖ ଦୁଃଖ ସବୁ ବୁଝୁଛି

ଆହତ ମନରେ ନିୟୁତ ଯେ ଆଶା
କହିବାକୁ ତାର ନାହିଁ ଓଠେ ଭାଷା
ଯିବାକୁ ଚାହେଁ ସେ ପକ୍ଷୀ ପରି ଉଡି
ଦିଗହଜା ଏଇ ସାଗର ସେ ପାରି
ଚକା ଆଖି ସବୁ ଜାଣିଛି, ସବୁ ଖିଅ ହାତେ ଧରିଛି
ତାରି ଡୋରିରେ ଏ ଜୀବନ ଆମ
ଚିର ଦିନ ଲାଗି ବନ୍ଧା ହେଇଛି
ଚକା ଆଖି ସବୁ ଦେଖୁଛି, ସୁଖ ଦୁଃଖ ସବୁ ବୁଝୁଛି

ଚନ୍ଦନ ଚର୍ଚ୍ଚିତ ନୀଳ କଳେବର

ଚଳଚ୍ଚିତ୍ର: ଜୟଦେବ (୧୯୮୭)
କଣ୍ଠଶିଳ୍ପୀ: ଶେଖର ଘୋଷ
ସଙ୍ଗୀତ ନିର୍ଦ୍ଦେଶକ: ବାଳକୃଷ୍ଣ ଦାସ
ଗୀତିକାର: ଶ୍ରୀ ଜୟଦେବ ଗୋସ୍ୱାମୀ

ଚନ୍ଦନ ଚର୍ଚ୍ଚିତ ନୀଳ କଳେବର ପୀତବସନ ବନମାଳି
କେଳିଚଳନ୍ ମଣିକୁଣ୍ଡଳ ମଣ୍ଡିତ ଗଣ୍ଡଯୁଗ ସ୍ମିତଶାଳୀ
ହରିରିହ ମୁଗ୍ଧ ବଧୂ ନିକରେ
ବିଳାସିନୀ ବିଳାସତି କେଳି ପରେ

ପୀନ ପୟୋଧର ଭାର ଭରେଣ ହରିଂ ପରିରଭ୍ୟ ସରାଗଂ
ଗୋପ ବଧୂରନୁଗାୟତି କାଚିଦ୍ ଉଦଞ୍ଚିତ ପଞ୍ଚମ ରାଗଂ
ହରିରିହ ମୁଗ୍ଧ ବଧୂ ନିକରେ ...

କାପି ବିଳାସ ବିଲୋଳ ବିଲୋଚନ ଖେଳନ ଜନିତ ମନୋଜଂ
ଧ୍ୟାୟତି ମୁଗ୍ଧ ବଧୂରଧିକଂ ମଧୁସୂଦନ ବଦନ ସରୋଜଂ
ହରିରିହ ମୁଗ୍ଧ ବଧୂ ନିକରେ ...

କାପି କପୋଳ ତଳେ ମିଳିତା ଲପିତୁଂ କିମପି ଶ୍ରୁତି ମୂଳେ
ଚାରୁ ଚୁଚୁମ୍ବ ନିତମ୍ବବତି ଦଇତଂ ପୁଲକୈ ରନୁକୂଳେ
ହରିରିହ ମୁଗ୍ଧ ବଧୂ ନିକରେ ...

କେଳିକଳା କୁତୁକେନ ଚ କାଚିଦମୁଂ ଯମୁନା ଜଳକୁଳେ
ମଞ୍ଜୁଳ ବଞ୍ଜୁଳ କୁଞ୍ଜଗତଂ ବିଚକର୍ଷ କରେଣ ଦୁକୂଳେ
ହରିରିହ ମୁଗ୍ଧ ବଧୂ ନିକରେ ...

କରତଳ ତାଳ ତରଳ ବଳୟାବଳି କଳିତ କଳସ୍ୱନ ବଂଶୀ
ରାସ ରସେ ସହ ନୃତ୍ୟପରା ହରିଣା ଯୁବତୀ ପ୍ରଶସଂସେ
ହରିରିହ ମୁଗ୍ଧ ବଧୂ ନିକରେ ...

ଶ୍ଲିଷ୍ୟତି କାମପି ଚୁମ୍ବତି କାମପି କାମପି ରମୟତି ରାମାଂ
ପଶ୍ୟତି ସସ୍ମିତ ଚାରୁପରାଂ ଅପରାଂ ଅନୁଗଛତି ବାମାଂ
ହରିରିହ ମୁଗ୍ଧ ବଧୂ ନିକରେ ...

ଶ୍ରୀ ଜୟଦେବ ଭଣିତମିଦଂ ଅଦ୍ଭୁତ କେଶବ କେଳି ରହସ୍ୟଂ
ବୃନ୍ଦାବନ ବିପିନେ ଲଳିତଂ ବିତନୋତୁ ଶୁଭାନି ଯଶସ୍ୟଂ
ହରିରିହ ମୁଗ୍ଧ ବଧୂ ନିକରେ ...

ଚରଣ କମଳ ବନ୍ଦେ

ଚଳଚ୍ଚିତ୍ର: ଶ୍ରୀ ଜଗନ୍ନାଥ (୧୯୭୯)
କଣ୍ଠଶିଳ୍ପୀ: ଏସ. ଜାନକୀ
ସଙ୍ଗୀତ ନିର୍ଦ୍ଦେଶକ: ଅକ୍ଷୟ ମହାନ୍ତି
ଗୀତିକାର : ଶିର୍ଷାନନ୍ଦ ଦାସ କାନୁନଗୋ

ଚରଣ କମଳ ବନ୍ଦେ ଚତୁରାନନ
ସର୍ଜନା କଲ ଚାରି ମୁଖୁ ବେଦ
ଅଖିଳ ସୁନ୍ଦର ଭୁବନ
ଚରଣ କମଳ ବନ୍ଦେ ଚତୁରାନନ

ଦେବଲୋକ ନରଲୋକ ନାଗଲୋକ
ଗ୍ରହ ତାରା ନଭ ଜଳ ତୁମ ରୂପରେଖ
ବିଧି ତୁମ ଲିଖନରେ ହୁଏ ନାହିଁ ଆନ
ଚରଣ କମଳ ବନ୍ଦେ ଚତୁରାନନ

ତୁମ ଆଖି ପଲକରେ ଆହେ ପ୍ରଜାପତି
ଧରା ପରେ ଯୁଗ ଯୁଗ ଯାଉଅଛି ବିତି
ତ୍ରିଲୋକର କର୍ତ୍ତା ତୁମେ ଆହେ କମଳ ଆସନ
ଚରଣ କମଳ ବନ୍ଦେ ଚତୁରାନନ
ବନ୍ଦେ .. ବନ୍ଦେ.. ଚରଣ କମଳ ବନ୍ଦେ

ଛୋଟ ମୋର ଏ ଘର

ଚଳଚ୍ଚିତ୍ର: କୃଷ୍ଣ ସୁଦାମା (୧୯୭୬)
କଣ୍ଠଶିଳ୍ପୀ: ବାଣୀ ଜୟରାମ
ସଙ୍ଗୀତ ନିର୍ଦ୍ଦେଶକ: ଶ୍ରୀ କୁମାର
ଗୀତିକାର : ଶିବବ୍ରତ ଦାସ

ଛୋଟ ମୋର ଏ ଘର
ଛୋଟ ମୋ ସଂସାର
ଯାହା ତୁମେ ଦେଇଚ ହେ ପ୍ରଭୁ
ସେ ସବୁ ତ ତୁମର, ନିମିତ୍ତ ମୁଁ ମାତର
ଛୋଟ ମୋର ଏ ଘର ଛୋଟ ମୋ ସଂସାର

ପୁରାଣ କିଛି ମୁଁ ପଢି ନାହିଁ ପ୍ରଭୁ
ଜଣାଣ ବି ଶିଖି ନାହିଁ
ଯେମିତି ବୁଝିଛି ତୁମକୁ ନାଥ
ସେମିତି ପୂଜିବି ମୁହିଁ
ଛନ୍ଦା ଚରଣେ ବନ୍ଧା ମୋର
ଜୀବନର ଡୋର ମୋର ଏ ଅନ୍ତର
ଛୋଟ ମୋର ଏ ଘର ଛୋଟ ମୋ ସଂସାର

ଦୁଃଖ ବେଦନା ମମତା ଅଶ୍ରୁ
କୁସୁମେ ଗୁନ୍ଥି ହାର
ତୁମରି ଚରଣେ ଦେଲି ମୁଁ ପ୍ରଭୁ
ଭକତିର ଉପହାର
ହୃଦୟ ଭରା ଶରଧା ମୋର ଅରଚନା ତୁମ୍ଭର
ପୂଜାର ମନ୍ତର
ଛୋଟ ମୋର ଏ ଘର ଛୋଟ ମୋ ସଂସାର

ଦଶାବତାର

ଚଳଚ୍ଚିତ୍ର: ଶ୍ରୀ ଜଗନ୍ନାଥ (୧୯୭୯)
କଣ୍ଠଶିଳ୍ପୀ ଓ ସଙ୍ଗୀତ ନିର୍ଦ୍ଦେଶକ: ଅକ୍ଷୟ ମହାନ୍ତି
ଗୀତିକାର : ଶ୍ରୀ ଜୟଦେବ ଗୋସ୍ୱାମୀ

ପ୍ରଳୟ ପୟୋଧି ଜଳେ ଧୃତବାନସି ବେଦମ୍
ବିହିତ ବହିତ୍ର ଚରିତ୍ରମଖେଦମ୍
କେଶବ ଧୃତ ମୀନ ଶରୀର
ଜୟ ଜଗଦୀଶ ହରେ ... ଜୟ ଜଗଦୀଶ ହରେ

କ୍ଷୀତିରତି ବିପୁଳତରେ ତବ ତିଷ୍ଠତି ପୃଷ୍ଠେ
ଧରଣୀ ଧାରଣ କିଣ ଚକ୍ରଗରିଷ୍ଠେ
କେଶବ ଧୃତ କଚ୍ଛପ ରୂପ
ଜୟ ଜଗଦୀଶ ହରେ ... ଜୟ ଜଗଦୀଶ ହରେ

ବସତି ଦଶନ ଶିଖରେ ଧରଣୀ ତବ ଲଗ୍ନା
ଶଶିନି କଳଙ୍କ କଳେବ ନିମଗ୍ନା
କେଶବ ଧୃତ ଶୁକର ରୂପ
ଜୟ ଜଗଦୀଶ ହରେ ... ଜୟ ଜଗଦୀଶ ହରେ

ତବ କର କମଳବରେ ନଖମଭୁତଶଙ୍ଗମ୍
ଦଳିତ ହିରଣ୍ୟକଶିପୁ ତନୁଭୃଙ୍ଗମ୍
କେଶବ ଧୃତ ନରହରି ରୂପ
ଜୟ ଜଗଦୀଶ ହରେ ... ଜୟ ଜଗଦୀଶ ହରେ

ଛଳୟସି ବିକ୍ରମଣେ ବଳିମଭୁତ ବାମନ
ପଦନଖ ନିର ଜନିତ ଜନପାବନ
କେଶବ ଧୃତ ବାମନ ରୂପ
ଜୟ ଜଗଦୀଶ ହରେ ... ଜୟ ଜଗଦୀଶ ହରେ

କ୍ଷତ୍ରିୟ ରୁଧିରମୟେ ଜଗଦପଗତ ପାପମ୍
ସ୍ନପୟସି ପୟସି ଶମିତ ଭବ ତାପମ୍
କେଶବ ଧୃତ ଭୃଗୁପତି ରୂପ
ଜୟ ଜଗଦୀଶ ହରେ ... ଜୟ ଜଗଦୀଶ ହରେ

ବିତରସି ଦୀକ୍ଷୁ ରଣେ ଦିକପତି କମନୀୟଂ
ଦଶ ମୁଖ ମଉଳି ବଳିଂ ରମଣୀୟଂ
କେଶବ ଧୃତ ରାମ ଶରୀର
ଜୟ ଜଗଦୀଶ ହରେ ... ଜୟ ଜଗଦୀଶ ହରେ

ବହସି ବପୁଷି ବିଶଦେ ବସନଂ ଜଳଦାଭଂ
ହଳ ହତି ଭୀତି ମିଳିତ ଯମୁନାଭଂ
କେଶବ ଧୃତ ହଳଧର ରୂପ
ଜୟ ଜଗଦୀଶ ହରେ ... ଜୟ ଜଗଦୀଶ ହରେ

ନିନ୍ଦସି ଯଜ୍ଞ ବିଧେରହହ ଶୃତି ଜାତଂ
ସଦୟ ହୃଦୟ ଦର୍ଶିତ ପଶୁଘାତଂ
କେଶବ ଧୃତ ବୁଦ୍ଧ ଶରୀର
ଜୟ ଜଗଦୀଶ ହରେ ... ଜୟ ଜଗଦୀଶ ହରେ

ମ୍ଳେଚ୍ଛ ନିବହ ନିଧନେ କଳୟସି କରବାଳଂ
ଧୂମକେତୁମିବ କିମପି କରାଳଂ
କେଶବ ଧୃତ କଳକି ଶରୀର
ଜୟ ଜଗଦୀଶ ହରେ ... ଜୟ ଜଗଦୀଶ ହରେ

ଶ୍ରୀ ଜୟଦେବ କବେରିଦ ମୁଦିତ ମୁଦାରଂ
ଶୃଣୁ ସୁଖଦଂ ଶୁଭଦଂ ଭବସାରଂ
କେଶବ ଧୃତ ଦଶବିଧ ରୂପ
ଜୟ ଜଗଦୀଶ ହରେ ... ଜୟ ଜଗଦୀଶ ହରେ

ଦୟାମୟୀ ଅମ୍ବିକା

ଚଳଚ୍ଚିତ୍ର: ମାନିନୀ (୧୯୮୫)
କଣ୍ଠଶିଳ୍ପୀ: ଅନୁରାଧା ପୋଡ଼ୱାଲ
ସଙ୍ଗୀତ ନିର୍ଦ୍ଦେଶକ: ରାଧାକୃଷ୍ଣ ଭଞ୍ଜ
ଗୀତିକାର : ନିଜାମ

ମା ଗୋ ...
ଦୟାମୟୀ ଅମ୍ବିକା ଶୁଣ ମୋ ଦୟିନୀ
ଆସିଛି ମୁଁ ତୋ ଦୁଆରେ
ଫେରାଇ ଦେବୁନି ମା ଫେରାଇ ଦେବୁନି
ଦୟାମୟୀ ଅମ୍ବିକେ ମା

ଦୁଃଖ ଯେତେ ସବୁ ଆଜି ମୋହରି କପାଳେ
ଦେଲୁ ତୁ ଅଜାଡି
କହି କି ପାରିବୁ ମା ଏତେ ଦୁଃଖ ଏକା ମୁଁ
ସହିବି କିପରି
ଲୁହରେ ମୁଁ ଭାସିଯିବି
ତୁ ହେଲେ ପାଷାଣୀ ମା ତୁ ହେଲେ ପାଷାଣୀ
ଦୟାମୟୀ ଅମ୍ବିକେ ମା

ଦୁନିଆର ସବୁ ସୁଖ ତେଜିଲି ଯା ପାଇଁ
ପର କଲା ସେଇ
ପ୍ରାଣ ବିନା ଦେହ ଧରି ବଞ୍ଚିବି କିପରି ମା
ଦେ ମୋତେ କହି
ଦୁଃଖ ନ ହରିଲେ ମା ଗୋ
ଆଉ ଡାକିବିନି ମା ଆଉ ଡାକିବିନି
ଦୟାମୟୀ ଅମ୍ବିକେ ମା

ଦୟାମୟୀ ମହାମାୟୀ ମା ମଙ୍ଗଳା

ଚଳଚ୍ଚିତ୍ର: ଜୟ ମା ମଙ୍ଗଳା (୧୯୭୯)
କଣ୍ଠଶିଳ୍ପୀ: ଭୁବନେଶ୍ୱରୀ ମିଶ୍ର
ସଙ୍ଗୀତ ନିର୍ଦ୍ଦେଶକ: ବାସୁଦେବ ରଥ
ଗୀତିକାର : ନାରାୟଣ ପ୍ରସାଦ ସିଂହ

ଦୟାମୟୀ ମହାମାୟୀ ମା ମଙ୍ଗଳା
ଦିଅ ଢାଳି ଶିରେ ଆମ କରୁଣା ଧାରା
ଜୟ ମା ମଙ୍ଗଳା, ଜୟ ମା ମଙ୍ଗଳା
କଳା ମେଘି ଶାଢୀ ଗଳେ ମନ୍ଦାର ମାଳା
କପାଳରେ ହୀରା ମୋତି ମୁକୁତା ଝରା
ଜୟ ମା ମଙ୍ଗଳା, ଜୟ ମା ମଙ୍ଗଳା, ଜୟ ମା ମଙ୍ଗଳା

ବହୁଦେଶେ ବହୁରୂପ ସହସ୍ର ନାମ
ସରିବନି କହିଲେ ମା ତୋ ଗୁଣ ଗ୍ରାମ
ମଙ୍ଗଳା ନାମେ ଖ୍ୟାତ କାକଟପୁରେ
ସାରଳା ମା ନାମ ତୋର କନକପୁରେ
ଯାଜପୁରେ ବିରଜାଇ ବାଙ୍କୀରେ ଚର୍ଚ୍ଚିକାଇ
ପୁରୀ ଧାମେ ବିମଳାଇ
ଜୟ ମା ମଙ୍ଗଳା, ଜୟ ମା ମଙ୍ଗଳା, ଜୟ ମା ମଙ୍ଗଳା

କଟକରେ ତୁହି ମା ଗୋ କଟକଚଣ୍ଡୀ
କୋଣାରକେ ରହି ହେଲୁ ତୁ ରାମଚଣ୍ଡୀ
ବାଣପୁରେ ଭଗବତୀ ନାମ ତୁ ବହି
ସମଲପୁରେ ତୋ ନାମ ମା ସମଲାଇ
ତାଳଚେରେ ହିଙ୍ଗୁଳାଇ ଚିଲିକାରେ କାଳିଜାଇ
ନାରାୟଣୀ ନାମ ବହି
ଜୟ ମା ମଙ୍ଗଳା, ଜୟ ମା ମଙ୍ଗଳା, ଜୟ ମା ମଙ୍ଗଳା

ହେ ଜନନୀ, ହେ ଭବାନୀ
ଘେନ ମୋର ହେ ଦୟିନୀ
କର ଦୟା ହୁଅ ସାହା
ମୁହିଁ ଦୀନ ହୀନିମାନି
ଡାକେ ହୋଇ ପଥ ହରା
ଯାଏ ବୁଡି ମୋର ଖେଳା
ଜୟ ମା ମଙ୍ଗଳା, ଜୟ ମା ମଙ୍ଗଳା, ଜୟ ମା ମଙ୍ଗଳା

ଦେଖି ସେ ବଣମଲ୍ଲୀ

ଚଳଚ୍ଚିତ୍ର: ମମତା (୧୯୭୫)
କଣ୍ଠଶିଳ୍ପୀ: ଚିତ୍ତ ଜେନା, ପି. ସୁଶୀଳା
ସଙ୍ଗୀତ ନିର୍ଦ୍ଦେଶକ: ପ୍ରଫୁଲ୍ଲ କର
ଗୀତିକାର : ଶିବବ୍ରତ ଦାସ

ଦେଖି ସେ ବଣମଲ୍ଲୀ ରାଧା ହେଲେ ବାତୁଳି
ଗଭାରେ ଖୋସିଲେ ଯତନେ ଚତୁରି
ମଣ୍ଡିଲେ ମଥାମଣି ନୁପୁରେ ପାଦ ବେନି
ଆସିବେ ବୋଲି କୁଞ୍ଜେ ସେ ବନମାଳି

ରାଧା ମନ ଅଧୀର ନ ଦେଖି ଶ୍ୟାମସୁନ୍ଦର
କିମ୍ବା ଏତେ ଉଛୁର କଲେ ସେ ନଟବର
ଆକୁଳ ନ ହୁଅ ଆଗୋ ରାଧାରାଣୀ
ଆସିବେ ଘନଶ୍ୟାମ ଅଚିରେ କୁଞ୍ଜବନ
ଅଙ୍କରେ ନେବେ ତୋଳି ସେ ବନମାଳି

ଲିଭିଲା ମିଛେ ସେ ବାସର ଦୀପାଳି
କାହ୍ନୁଙ୍କ ପ୍ରୀତି ରୀତି ସତେ କି ଏଇମିତି
ମଲାଣି ରାଧା ଝୁରି ... ହେ ବନମାଳି

ଦେଲି ତୁମ ପାଦେ ଅରପି ନିଜକୁ

ଚଳଚ୍ଚିତ୍ର: ତ୍ରିନାଥ ମେଳା (୧୯୮୦)
କଣ୍ଠଶିଳ୍ପୀ: ରାଖାଲ ମହାନ୍ତି , ମିନତୀ ରଥ
ସଙ୍ଗୀତ ନିର୍ଦ୍ଦେଶକ: ରାଖାଲ ମହାନ୍ତି
ଗୀତିକାର : ଶ୍ରୀନିବାସ ମହାନ୍ତି

ଦେଲି ତୁମ ପାଦେ ଅରପି ନିଜକୁ
ହେ ତିନି ଦେବତା ମୋର
ପୂଜା ବେଦି ତୁମ ସଜାଡ଼ି ରଖିଛି
ଦେଇ ସବୁ ଉପଚାର
ଦେଲି ତୁମ ପାଦେ ଅରପି ନିଜକୁ ...

ଜଳାଇ ଦେଇଛି ତିନି ଦୀପାଳି
ଥୋଇ ପାନ ଗୁଆ ପାଶେ
ତିନି ଚିଲମରେ ଭରିଛି ଗଞ୍ଜେଇ
ଯତନେ ତୁମରି ଆଶେ
ପାତି ଦେଇ ଅଛି ଆସନ ସାଇତି
ଏଇ ମେଳା ଯେ ତୁମର
ଦେଲି ତୁମ ପାଦେ ଅରପି ନିଜକୁ ...

ତୁମ ଆରାଧନା ପାଇଁ ହେ ତ୍ରିନାଥ
କେତେ ଉପାସନା କରି
ମଥା ପାତି ତୁମ ଚରଣ କମଳେ
ମନାସେ ଆଶିଷ ବାରି
କର ହେ କରୁଣା ଉଡୁ ତୁମ ବାନା
ସୁଖୀ ହେଉ ଏ ସଂସାର
ଦେଲି ତୁମ ପାଦେ ଅରପି ନିଜକୁ ...

ଢାଳିଦିଅ ସାରା ଧରଣୀରେ ଆଜି

ଚଳଚ୍ଚିତ୍ର: ତପସ୍ୟା (୧୯୮୦)
କଣ୍ଠଶିଳ୍ପୀ: ଚିତ୍ତ ଜେନା / ବାଣୀ ଜୟରାମ
ସଙ୍ଗୀତ ନିର୍ଦ୍ଦେଶକ: ପ୍ରଫୁଲ୍ଲ କର
ଗୀତିକାର : ହରିହର ମିଶ୍ର

ଢାଳିଦିଅ ସାରା ଧରଣୀରେ ଆଜି
ତୁମରି ଆଶିଷ ଧାରା
ଅନ୍ଧାର ମନେ କଣ୍ଟକ ବନେ
ଦିଅ ଆଲୋକର ଇସାରା
ଢାଳିଦିଅ ସାରା ...

ତୁମେ ତ ଅସୀମ ଆକାଶର ସମ
ସଂସାରେ ତୁମ ରୂପ ଅନୁପମ
ଦେଖିନି ଯା ଆଖି ମନେ ଅଛି ଲାଖି
ମନ ସରୋବରେ ଛାୟା ତାର ଲେଖି
ଆକାଶର ସେଇ ଶୂନ୍ୟତା ସାଥେ
ମିଶାଏ ମୋ ମନ ପରା
ଢାଳିଦିଅ ସାରା ...

ଅନ୍ଧ ମୁଁ ଯଦି ବାଟ ଯାଏ ଭୁଲି
ଚଳାଇ ନିଅ ହେ ହାତ ମୋର ଧରି
ଆଜି ଏ ଧରାରେ ଅବସାଦ ଘେରେ
ତୁମରି ମୂର୍ଚ୍ଛନା ଖେଳୁ ମୋ ଅନ୍ତରେ
ଅହରହ ତୁମେ ପାଶେ ପାଶେ ରହ
ତୁମେ ମୋ ଦିଗର ତାରା
ଢାଳିଦିଅ ସାରା ...

ଏକରେ ଅନେକ

ଚଳଚ୍ଚିତ୍ର: କୃଷ୍ଣ ସୁଦାମା (୧୯୭୬)
କଣ୍ଠଶିଳ୍ପୀ: ସିକନ୍ଦର ଆଲାମ
ସଙ୍ଗୀତ ନିର୍ଦ୍ଦେଶକ: ଶ୍ରୀ କୁମାର
ଗୀତିକାର : ଶିବବ୍ରତ ଦାସ

ଏକରେ ଅନେକ ଅନେକରେ ଏକ
ଯିଏ ହରି ସେହି ହର
ପରମ ଦେବତା ଜଗତ ପିତା ସେ
ସତ୍ୟ ଶିବ ସୁନ୍ଦର ... ସତ୍ୟ ଶିବ ସୁନ୍ଦର

ଅନନ୍ତ ଶୟନେ ଯେ ମହାନାଗ ବିଷ୍ଣୁଙ୍କୁ କରିଛି କୋଳ
ସେ ନାଗ ମହେଶ ଅଙ୍ଗ ଭୂଷଣ ସେ ପରା ଗଳାର ମାଳ
କୃଷ୍ଣ ରୂପେ ସେ କାଳୀୟ ଦଳିଲେ
ହେଲେ ନୀଳକଣ୍ଠ ପାନ କରି ଗରଳ

ସେ ନିରାକାର ପୁଣି ସାକାର ବନ୍ଦିତ ନାନା ରୂପେ
ଦେବତା ସେହି, ସେହି ପୂଜକ ପୂଜା କରେ ଧୂପ ଦୀପେ
ସୃଷ୍ଟି କରତା ସେ ମହାକାଳ
ସେହି ପରା ଆଗେ ପ୍ରେମର ଠାକୁର

ସତ୍ୟ ଶିବ ସୁନ୍ଦର ... ସତ୍ୟ ଶିବ ସୁନ୍ଦର

ଆରତ ତ୍ରାଣ ହେ କୃଷ୍ଣ ମୁରାରୀ
ତୋ ନାମ ତୁହି ରଖ ହରି ... ରଖ ହରି ... ରଖ ହରି ...

ଏକା ତୋ ଭକତ ଜୀବନ

ଚଳଚ୍ଚିତ୍ର: ଭକ୍ତ ସାଲବେଗ (୧୯୮୩)
କଣ୍ଠଶିଳ୍ପୀ: ଭିକାରି ବଳ
ସଙ୍ଗୀତ ନିର୍ଦ୍ଦେଶକ: ଭୁବନେଶ୍ୱର ମିଶ୍ର, ଗୀତିକାର: ସାଲବେଗ

ଏକା ତୋ ଭକତ ଜୀବନ
ଭକତ ନିମନ୍ତେ ତୋର ଶଙ୍ଖ ଚକ୍ରେ ଚିହ୍ନ ..
ଶଙ୍ଖ ଚକ୍ରେ ଚିହ୍ନ
ଏକା ତୋ ଭକତ ଜୀବନ

ଭକତ ତୋ ମାତା ପିତା ଭକତ ତୋ ବନ୍ଧୁ
ଭକତ ହିତରେ ତୋର ନାମ କୃପାସିନ୍ଧୁ ..
ନାମ କୃପାସିନ୍ଧୁ
ଏକା ତୋ ଭକତ ଜୀବନ

ଧେନୁ ପଛେ ପଛେ ବତ୍ସା ଗମେ କ୍ଷୀର ଲୋଭେ
ଭକତ ପଛରେ ତୁହି ଥାଉ ସେହି ଭାବେ ..
ଥାଉ ସେହି ଭାବେ
ଏକା ତୋ ଭକତ ଜୀବନ

ବାପା ମୋ ମୋଗଲ ପୁଅ ମାଆ ମୋ ବ୍ରାହ୍ମଣୀ
ଏ କୁଳେ ଜନ୍ମିଲି ହିନ୍ଦୁ ନ ଖାଏ ମୋ ପାଣି ..
ନ ଖାଏ ମୋ ପାଣି
ଏକା ତୋ ଭକତ ଜୀବନ

କହେ ସାଲବେଗ ହୀନ ଜାତିରେ ଯବନ
ଶ୍ରୀରଙ୍ଗା ଚରଣ ବିନୁ ନ ଜାଣଇ ଆନ ...
ନ ଜାଣଇ ଆନ
ଏକା ତୋ ଭକତ ଜୀବନ

ଗୁହାରି ଶୁଣ ଭଗବାନ

ଚଳଚ୍ଚିତ୍ର: ସମୟ (୧୯୭୬)
କଣ୍ଠଶିଳ୍ପୀ: ସୁମନ କଲ୍ୟାଣପୁର
ସଙ୍ଗୀତ ନିର୍ଦ୍ଦେଶକ: ଭୁବନ ହରି
ଗୀତିକାର : ଗଣେଶ ମହାପାତ୍ର

ଗୁହାରି ଶୁଣ ଭଗବାନ
ବଧିର ହେଲ କି ନ ଶୁଣ
ଶୁଣ ଥରେ ମୋର ଜଣାଣ
ବଧିର ହେଲ କି ନ ଶୁଣ

ଗଭୀର ଜଳରେ ଗଜ ଡାକ ଦେଲା
ଚକ୍ର ପେଶି ଗ୍ରାହ ନାଶିଲେ ଆପଣ
ଗହନ ବନରେ ହରିଣୀ ଡାକିଲା
ଘୋର ବିପତ୍ତିରୁ କଲ ହେ ତାରଣ
ମୋ ପାଇଁ କି ହେଲ ପାଷାଣ
ଗୁହାରି ଶୁଣ ଭଗବାନ ...

ପ୍ରହଲାଦ ଡାକେ ନରସିଂହ ରୂପ
କରିଥିଲ ପରା ତୁମେ ହେ ଧାରଣ
କୁରୁସଭା ତଳେ ଦ୍ରୌପଦୀ ଡାକିଲେ
ରକ୍ଷା କଲ ପ୍ରଭୁ ଅବଳାର ମାନ
ଦୁଃଖ ମୋର କର ମୋଚନ
ଗୁହାରି ଶୁଣ ଭଗବାନ ...

ହସେରେ ନନ୍ଦ କୋଳେ ଗୋବିନ୍ଦ

ଚଳଚ୍ଚିତ୍ର: ମଥୁରା ବିଜୟ (୧୯୭୯)
କଣ୍ଠଶିଳ୍ପୀ: ଭିକାରି ବଳ
ସଙ୍ଗୀତ ନିର୍ଦ୍ଦେଶକ: ବାଳକୃଷ୍ଣ ଦାସ
ଗୀତିକାର : ନାରାୟଣ ପ୍ରସାଦ ସିଂହ

ହସେରେ ନନ୍ଦ କୋଳେ ଗୋବିନ୍ଦ
ଯଶୋମତି ଭାଗ୍ୟବତୀ ଭୁବନ ଆନନ୍ଦ
ନନ୍ଦ କୋଳେ ଗୋବିନ୍ଦ
ହସେରେ ନନ୍ଦ କୋଳେ ଗୋବିନ୍ଦ

ବହିଯାଏ ବ୍ରଜପୁରେ ମଳୟ ମରନ୍ଦ
ବାଜେ ଭେରୀ ବାଜେ ତୁରୀ ଶୁଭେ ଶଙ୍ଖନାଦ
ନନ୍ଦ କୋଳେ ଗୋବିନ୍ଦ ...

ବାତ୍ସଲ୍ୟ ସେନେହେ ବୁକେ ଜାଗେ ନବଛନ୍ଦ
ଗୋପୀକୋଳେ କାହ୍ନୁ ଖେଳେ ହସି ମନ୍ଦମନ୍ଦ
ନନ୍ଦ କୋଳେ ଗୋବିନ୍ଦ ...

ସଜଳ ଜଳଦ କାନ୍ତି ମୁଖ ପୂର୍ଣ୍ଣ ଚନ୍ଦ
ଅଙ୍ଗେ ଅଙ୍ଗେ ଝରି ପଡେ ମଧୁର ସୁଗନ୍ଧ
ନନ୍ଦ କୋଳେ ଗୋବିନ୍ଦ ...

ସୁଧା ଝରେ ଓଠ ତଳେ ଝରେ ମକରନ୍ଦ
ସକଳ ହୃଦୟ ନାଚେ ହୋଇ ପ୍ରେମାନନ୍ଦ
ନନ୍ଦ କୋଳେ ଗୋବିନ୍ଦ ...

ହାଏରେ କାହ୍ନୁ ବାଇ ବେଣୁ

ଚଳଚ୍ଚିତ୍ର: ମେଘମୁକ୍ତି (୧୯୮୦)
କଣ୍ଠଶିଳ୍ପୀ: ପ୍ରଣବ ପଟ୍ଟନାୟକ
ସଙ୍ଗୀତ ନିର୍ଦ୍ଦେଶକ: ଶାନ୍ତନୁ ମହାପାତ୍ର
ଗୀତିକାର : ଗୁରୁକୃଷ୍ଣ ଗୋସ୍ୱାମୀ

ହାଏରେ କାହ୍ନୁ ବାଇ ବେଣୁ
ତୁହି ସିନା ମଥୁରାକୁ ଯାଉରେ
ତୋତେ ଝୁରି ଝୁରିକା ଯିବ ସରି ରାଧିକା
ଗୋପପୁର ଛାଡି ତୁହି ଦଗା ଦେଇ ଯାଉରେ
ହାଏରେ କାହ୍ନୁ ବାଇ ବେଣୁ ...

ଆରେ ନଟ ତୋର ବାଟ ଅନାଇ କିଶୋରୀ
ଦିନ ରାତି ଶୀତ ତାତି ଦେବ ସେ ପାଶୋରି
କେଉଁ ଯଶ କରି ଆଶ ନିରିଦୟ ହେଉରେ
ଗୋପପୁର ଛାଡି ତୁହି ଦଗା ଦେଇ ଯାଉରେ
ହାଏରେ କାହ୍ନୁ ବାଇ ବେଣୁ ...

ବଣ ପୋଡିଗଲେ ସିନା ଜଗତ ଦେଖିବ
ମନ ପୋଡିଗଲେ କହ କିଏ ବା ଜାଣିବ
ଆହା ରାଧା ହେବ ଅଧା ତୋ ଭାବନା ଦାଉରେ
ଗୋପପୁର ଛାଡି ତୁହି ଦଗା ଦେଇ ଯାଉରେ
ହାଏରେ କାହ୍ନୁ ବାଇ ବେଣୁ ...

ହେ ବ୍ରହ୍ମା ହେ ବିଷ୍ଣୁ ହେ ମହେଶ୍ୱର

ଚଳଚ୍ଚିତ୍ର: ତ୍ରିନାଥ ମେଳା (୧୯୮୦)
କଣ୍ଠଶିଳ୍ପୀ: ଚିତ୍ତ ଜେନା / ରାଖାଲ ମହାନ୍ତି
ସଙ୍ଗୀତ ନିର୍ଦ୍ଦେଶକ: ରାଖାଲ ମହାନ୍ତି
ଗୀତିକାର : ଶ୍ରୀନିବାସ ମହାନ୍ତି

ହେ ବ୍ରହ୍ମା ହେ ବିଷ୍ଣୁ ହେ ମହେଶ୍ୱଶବର
ସୃଷ୍ଟି ସ୍ଥିତି ଲୟ ତୁମେ ତ୍ରିନାଥ ଠାକୁର .. ତ୍ରିନାଥ ଠାକୁର
ହେ ବ୍ରହ୍ମା ହେ ବିଷ୍ଣୁ ହେ ମହେଶ୍ୱର

ଜନମ ଦେଇଛ ତୁମେ ମରଣ ଦେଇଛ
କାହାକୁ ମାରିଛ ତୁମେ କାହାକୁ ତାରିଛ
ଅପରାଧ ବାରେ କ୍ଷମା କର .. କ୍ଷମା କର
ହେ ବ୍ରହ୍ମା ହେ ବିଷ୍ଣୁ ହେ ମହେଶ୍ୱର

ଅନାଦି ଅନନ୍ତ ନାଥ ପରମ କାରଣ
ଦିଅ ପ୍ରଭୁ ଦିଅ ତାରେ ଦିଅ ଜୀବଦାନ
ତୁମ ମାନ ତୁମେ ରକ୍ଷା କର ... ରକ୍ଷା କର
ହେ ବ୍ରହ୍ମା ହେ ବିଷ୍ଣୁ ହେ ମହେଶ୍ୱର
ତ୍ରିନାଥ ଠାକୁର ... ତ୍ରିନାଥ ଠାକୁର ... ତ୍ରିନାଥ ଠାକୁର

ହେ ଦୁଃଖହାରୀ ଗିରିଧାରୀ

ଚଳଚ୍ଚିତ୍ର: ସୁନା ସଂସାର (୧୯୭୭)
କଣ୍ଠଶିଳ୍ପୀ: ପ୍ରଣବ ପଟନାୟକ / ସ୍ୱରୂପା ଚକ୍ରବର୍ତ୍ତି
ସଙ୍ଗୀତ ନିର୍ଦ୍ଦେଶକ: ସୁନାକର ସାହୁ / ଅର୍ଜୁନ ସାମଲ
ଗୀତିକାର : ନିଶାକର ବେହେରା

ହେ ଦୁଃଖହାରୀ ଗିରିଧାରୀ ମୁରାରି
ତୁମ ଶ୍ରୀ ଚରଣେ ଯାଏ ତରି
ହେ ଦୁଃଖହାରୀ ଗିରିଧାରୀ ମୁରାରି

ମାଗୁ ନାହିଁ ପ୍ରଭୁ ମାନ ସନମାନ
ତୁମ ନାମ ଗାଇ ଯାଉ ଏ ଜୀବନ
କରୁଣାରେ ଦିଅ ପ୍ରାଣ ଭରି
ହେ ଦୁଃଖହାରୀ ଗିରିଧାରୀ ମୁରାରି

ହସୁଥାଉ ଆମ ସୁନାର ସଂସାର
ଦୁଃଖେ ଆମେ କେବେ ନ ହେଉ କାତର
ଦିଅ ବଳ ଦୟାମୟ ହରି
ହେ ଦୁଃଖହାରୀ ଗିରିଧାରୀ ମୁରାରି

ହେ ଶମ୍ଭୁ ହେ ଶଙ୍କର

ଚଳଚ୍ଚିତ୍ର: ସତୀ ଅନସୂୟା (୧୯୭୮)
କଣ୍ଠଶିଳ୍ପୀ: ବାଣୀ ଜୟରାମ
ସଙ୍ଗୀତ ନିର୍ଦ୍ଦେଶକ: ପ୍ରଫୁଲ୍ଲ କର
ଗୀତିକାର : ସୌଭାଗ୍ୟ ଚନ୍ଦ୍ର ଦାସ

ରକ୍ଷା କର ହେ ମହେଶ୍ୱର
ଏ ବିପଦୁ କର ହେ ଉଦ୍ଧାର
ହେ ଦିଗମ୍ବର ହେ ଈଶ୍ୱର
ରଖ ରଖ ମାନ ସତୀର

ହେ ଶମ୍ଭୁ ହେ ଶଙ୍କର
ଲାଜ ରଖ ମୋହର
ମୁଁ ଅଧମ ମାଗୁଛି ଶରଣ
ଦୟା କର ଶ୍ରୀ ହର
ହେ ଶମ୍ଭୁ ହେ ଶଙ୍କର

ହେ ଡମ୍ବରୁଧର ଶିବ
ପ୍ରଭୁ ଦେବ ଦେବ ମହାଦେବ
ତ୍ରିଶୂଳ ଧାରୀ ଅରି ସଂହାରୀ
ହର ହର ମହାଦେବ
ଭସ୍ମ ବିଭୂଷିତ କୈଳାସ ନାଥ
କିଶୋର ଚନ୍ଦ୍ର ଶେଖର
ମୁଁ ଅଧମ ମାଗୁଛି ଶରଣ
ଦୟା କର ଶ୍ରୀ ହର
ହେ ଶମ୍ଭୁ ହେ ଶଙ୍କର

ହେ ବମ୍ ବମ୍ ଭୋଲାନାଥ
ପ୍ରଭୁ ନାଥ ନାଥ ଲୋକନାଥ
ଗରଳ ଭକ୍ଷ ଅରକ୍ଷ ରକ୍ଷ
ତ୍ରିନେତ୍ର ବିଶ୍ୱନାଥ
ଭୁଜଙ୍ଗ ଭୂଷଣ ଆରତ ତ୍ରାଣ
ମଦନ ଦର୍ପ ଭଞ୍ଜନ
ମୁଁ ଅଧମ ମାଗୁଛି ଶରଣ
ଦୟା କର ଶ୍ରୀ ହର
ହେ ଶମ୍ଭୁ ହେ ଶଙ୍କର

ଓଁ ନମଃ ଶିବାୟ ... ଓଁ ନମଃ ଶିବାୟ ... ଓଁ ନମଃ ଶିବାୟ

ହୃଦୟ ଭରି ମୋର

ଚଳଚ୍ଚିତ୍ର: କୃଷ୍ଣ ସୁଦାମା (୧୯୭୬)
କଣ୍ଠଶିଳ୍ପୀ: ପ୍ରଣବ ପଟ୍ଟନାୟକ
ସଙ୍ଗୀତ ନିର୍ଦ୍ଦେଶକ: ଶ୍ରୀ କୁମାର
ଗୀତିକାର : ମନୋରଞ୍ଜନ ହୋତା

ହୃଦୟ ଭରି ମୋର
ବାଜେ ଖାଲି ତୁମ ସୁର
ତୁମକୁ ମୁଁ ଖୋଜି ବୁଲେ ନିତି
ସୁନ୍ଦର ଏଇ ଧରା
ଫୁଲେ ଫୁଲେ ମଧୁ ଭରା
ଏ ସବୁ ତ ତୁମରି କିରତି
ପ୍ରଭୁ ହୃଦୟ ଭରି ମୋର ...

ସବୁଜ ଶ୍ୟାମଳ ବନ
ପକ୍ଷୀର କାକଳି ସ୍ୱନ
ଅପରୂପ ତୁମ ଶୋଭା
ଉଲ୍ଲସିତ ମୋ ପରାଣ
କଳକଳ ଏ ତଟିନୀ
ଏ ଜୀବନ ମୋହ ମାୟା
ରୂପେ ରସେ ଗନ୍ଧେ ଭରା
ତୁମରି ଏ ଦୁନିଆ
ସବୁ ତ ତୁମରି ଲୀଳା
ତୁମରି ଗୋପନ ଖେଳା
ସରଜନା ତୁମ ଦିନ ରାତି
ପ୍ରଭୁ ହୃଦୟ ଭରି ମୋର ...

ଅନ୍ଧାର ଆସେ ମାଡି
ଦିନ ତ ଗଲାଣି ଚାଲି
ଆକାଶେ ଭରା ତାରା
ମିଟି ମିଟି ଆଖି ମେଲି
କ୍ଳାନ୍ତ ଅବଶ ଦେହ
କ୍ଳାନ୍ତ ମୋ ପାଦ ଦୁଇ
ତଥାପି ଚାଲିଛି ବାଟ
ନିରାଶ ମୁଁ ହୋଇ ନାହିଁ
ହେଉ ମୋ ମିନତି ଘେନା
କର ନାହିଁ ପଥବଣା
ତୁମ ଚରଣେ ନିଅ ଡାକି
ପ୍ରଭୁ ହୃଦୟ ଭରି ମୋର ...

ଜଗବନ୍ଧୁ ହେ ଗୋସାଇଁ

ଚଳଚ୍ଚିତ୍ର: ଭକ୍ତ ସାଲବେଗ (୧୯୮୩)
କଣ୍ଠଶିଳ୍ପୀ: ଭିକାରି ବଳ
ସଙ୍ଗୀତ ନିର୍ଦ୍ଦେଶକ: ଭୁବନେଶ୍ୱର ମିଶ୍ର
ଗୀତିକାର : ଭକ୍ତ ସାଲବେଗ

ଜଗବନ୍ଧୁ ହେ ଗୋସାଇଁ
ତୁମ୍ଭ ଶ୍ରୀଚରଣ ବିନୁ ଅନ୍ୟ ଗତି ନାହିଁ
ଜଗବନ୍ଧୁ ହେ ଗୋସାଇଁ

ରଥ ଚାରିପାଶେ ଲମ୍ବି ମୁକୁତାର ଝରା
ଝଲ ଝଲ ଦିଶୁ ଥାଇ ପ୍ରଭୁ ଚକାଡୋଳା
ଜଗବନ୍ଧୁ ହେ ଗୋସାଇଁ

ଆଗେ ଚଳେ ବଳଭଦ୍ର ମଧ୍ୟେ ଚାନ୍ଦମୁହିଁରେ
ଆସୁଛି କାଳିଆ ପଛେ ଗହଳ ଲଗାଇରେ
ଜଗବନ୍ଧୁ ହେ ଗୋସାଇଁ

ସାତଶ ପଞ୍ଚାଶ କୋଶ ଚାଲି ନ ପାରଇ
ମୋର ଯିବାଯାଏଁ ନନ୍ଦିଘୋଷେ ଥିବ ରହି
ଜଗବନ୍ଧୁ ହେ ଗୋସାଇଁ

ଜଗତପତି ହେ

ଚଳଚ୍ଚିତ୍ର: ଚିଲିକା ତୀରେ (୧୯୭୮)
କଣ୍ଠଶିଳ୍ପୀ: ଦେବାଶିଷ ମହାପାତ୍ର
ସଙ୍ଗୀତ ନିର୍ଦ୍ଦେଶକ: ଶାନ୍ତନୁ ମହାପାତ୍ର
ଗୀତିକାର : ଶିବବ୍ରତ ଦାସ

ଜଗତପତି ହେ ଆଉ ଛଳନା କର ନାହିଁ
ସବୁ କରେ ତୁମେ କରାଉ ଥାଅ ହେ
ତୁମ ବିନା ଗତି କାହିଁ ... ତୁମ ବିନା ଗତି କାହିଁ
ଜଗତପତି ହେ ...

ତୁମେ ଫୁଟାଇଛ ଅବୋଧ ଶିଶୁର ଅଧରେ ମଧୁର ହାସ
ତୁମେ ଛୁଟାଇଛ ମନ୍ଦ ସମୀର ଫୁଲରେ ଦେଇଛ ବାସ
ତୁମେ ତ କରମ, ତୁମେ ତ ଧରମ, ତୁମେ ହେ ଜଗତ ସାଇଁ
ସବୁ କରେ ତୁମେ କରାଉ ଥାଅ ହେ
ତୁମ ବିନା ଗତି କାହିଁ ... ତୁମ ବିନା ଗତି କାହିଁ

ପାପ ତାପ ପୁଣ୍ୟ ଅବା ଭଲ ମନ୍ଦ ସ୍ନେହ ପ୍ରୀତି ଜ୍ଞାନ ଧ୍ୟାନ
ସବୁ ତ ତୁମରି ସରଜନା ହରି ତୁମେ ହି ମମତା ପ୍ରେମ
ତେବେ କହ ନାଥ ଏତେ ଭେଦାଭେଦ ରଖିଅଛ କାହିଁ ପାଇଁ
ସବୁ କରେ ତୁମେ କରାଉ ଥାଅ ହେ
ତୁମ ବିନା ଗତି କାହିଁ ... ତୁମ ବିନା ଗତି କାହିଁ
ଜଗତପତି ହେ ...

ଜଗତର ନାଥ

ଚଳଚ୍ଚିତ୍ର: ଚିହ୍ନା ଅଚିହ୍ନା (୧୯୭୯)
କଣ୍ଠଶିଳ୍ପୀ: ଭୁବନେଶ୍ୱରୀ ମିଶ୍ର
ସଙ୍ଗୀତ ନିର୍ଦ୍ଦେଶକ: ବାସୁଦେବ ରଥ
ଗୀତିକାର : ସୁରେନ୍ଦ୍ର ବିଦ୍ୟାଧର

ଜଗତର ନାଥ ଆହେ ଜଗନ୍ନାଥ
ଭକତ ଧନ ଭାବଗ୍ରାହୀ
ହଜିଯାଏ ମୁଁ ଯେ ମଜ୍ଜିଯାଏ ମୁଁ ଯେ
ଶ୍ରୀମୁଖ ମାଧୁରୀକୁ ଚାହିଁ

ନାଚୁ ତୁମ ରୂପ ନୟନେ ମୋ ନିତି
ତୁମ ନାମ ଜପି ଦିନ ଯାଉ ବିତି
ତୁମ ଚଉବାହା ଭକତର ସାହା
ନିଅ ମୋ ପରାଣ ମୋହି
ଜଗତର ନାଥ ...

ଯାହା ମୁଁ ଦେଖୁଚି ସବୁ ତ ତୁମର
କି ଦେଇ ପୂଜିବି କିଛି ନୁହେଁ ମୋର
ଏ ଜଗତ ସାରା ତୁମ ଖେଳ ପରା
ତୁମେ ଏ ଜଗତ ସାଇଁ
ଜଗତର ନାଥ ...

ଯମୁନା ଯାଅନା

ଚଳଚ୍ଚିତ୍ର: ସାକ୍ଷୀ ଗୋପୀନାଥ (୧୯୭୮)
କଣ୍ଠଶିଳ୍ପୀ: ମାନ୍ନା ଦେ
ସଙ୍ଗୀତ ନିର୍ଦ୍ଦେଶକ: ବାସୁଦେବ ରଥ
ଗୀତିକାର : ଗଣେଶ ମହାପାତ୍ର

ଯମୁନା ଯାଅନା ଯାଅନା ଯମୁନା
କଦମ୍ବ ମୂଳରେ ଲୁଚିଛି ଯେ କାହ୍ନା
ମାନିନୀ ଯାଅନା କରନା ବାହାନା
ମାନ ମୋ ମନା
ଯମୁନା ଯାଅନା

ଗୋପ ପୁରରେ ବାଜୁଛି ଅପବାଦ ନାଗରା
ଶ୍ୟାମ ପ୍ରେମ ଫାଶରେ ଦେଲେ ରାଧା ଗୋ ଧରା
ବାହୁନି ବାହୁନି କାନ୍ଦଇ ମନର ବୀଣା
ସା ଧା ସା ... ସା ଧା ସା ... ସା ମା ଧା .. ସା ମା ଧା
ମାନିନୀ ଯାଅନା କରନା ବାହାନା
ମାନ ମୋ ମନା ... ଯମୁନା ଯାଅନା

ମଧୁବନରେ ବଜାଏ ମୁରଲି ନଟବର
ବିରହ ବେଦନାରେ ରାଧା ହେଲେ ଅଧୀର
କେତେ ବୁଝାଇଲେ ବୁଝେନା ଅବୁଝା ସିନା
ଗା ମା ମା ଗା ... ଗା ମା ମା ଗା ...
ମାନିନୀ ଯାଅନା କରନା ବାହାନା
ମାନ ମୋ ମନା ... ଯମୁନା ଯାଅନା

ଜନନୀ ଭବାନୀ

ଚଳଚ୍ଚିତ୍ର: କବି ସମ୍ରାଟ ଉପେନ୍ଦ୍ର ଭଞ୍ଜ (୧୯୭୮)
କଣ୍ଠଶିଳ୍ପୀ: ଏସ. ଜାନକୀ
ସଙ୍ଗୀତ ନିର୍ଦ୍ଦେଶକ: ଉପେନ୍ଦ୍ର କୁମାର
ଗୀତିକାର : ନାଟ୍ୟଶ୍ରୀ ରଘୁନାଥ ମିଶ୍ର

ଜନନୀ ଭବାନୀ .. ଜନନୀ ଭବାନୀ
ତୁ ଅମ୍ବିକା ଶିବାନୀ
ପାପ ତାପ ପରିହର ମୁକ୍ତି ଦାୟିନୀ
ଜନନୀ ...

ଦର୍ପ ଦଳନୀ ଦୁଷ୍ଟ ସଂହାରିଣୀ
କରୁଣା କର ମା ଗୋ କରୁଣା ଦାୟିନୀ
ସଙ୍କଟ ମୋଚନ କର ସଙ୍କଟ ତାରିଣୀ
ଜନନୀ ଭବାନୀ ... ତୁ ଅମ୍ବିକା ଶିବାନୀ

ବ୍ରହ୍ମା ବିଷ୍ଣୁ ମହେଶ୍ୱର ଶକ୍ତି ନେଇ
ଜନ୍ମିଲୁ ଜଗତ ମାତା କୃପାମୟୀ
ଜଗତେ ବିଖ୍ୟାତ ହେଲୁ ମହିଷା ମର୍ଦ୍ଦିନୀ
ଜନନୀ ଭବାନୀ ... ତୁ ଅମ୍ବିକା ଶିବାନୀ

ଅଜ୍ଞାନ ଅନ୍ଧାରେ ଭରା ଏ ସଂସାର
ପୁରି ରହିଅଛି ଗର୍ବ ଅହଂକାର
କ୍ଷମା କରି ଗର୍ବ ହର ହେ ବିଶ୍ୱ ଜନନୀ
ଜନନୀ ଭବାନୀ ... ତୁ ଅମ୍ବିକା ଶିବାନୀ

ଜଟିଆ ବାବା ଡୋରି

ଚଳଚ୍ଚିତ୍ର: ଏଇ ଆମ ସଂସାର (୧୯୮୬)
କଣ୍ଠଶିଳ୍ପୀ: ବାବୁ ପାଣିଗ୍ରାହୀ
ସଙ୍ଗୀତ ନିର୍ଦ୍ଦେଶକ: ଅକ୍ଷୟ ମହାନ୍ତି
ଗୀତିକାର : ଶୀର୍ଷାନନ୍ଦ ଦାସ କାନୁନଗୋ

ଜଟିଆ ବାବା ଡୋରି ଲାଗିଛି
ଚାଲରେ ବୋହି ନୀର
ଜଟିଆ ବାବା ଦୟା କରିଲେ
ଦୁଃଖ ହୋଇବ ଦୂର
ଜୟ ଜୟ କପିଳେଶ୍ୱର
ଜୟ ଜୟ ଧବଳେଶ୍ୱର
ଜୟ ଜୟ ଅମରେଶ୍ୱର
ଜୟ ଜୟ ପରମେଶ୍ୱର

ସଂସାରେ ଅମୃତ ଶିବ ନାମ
ଶିବ କ୍ଷେତ୍ର ମହା ପୁଣ୍ୟ ଧାମ
ଶିବଲିଙ୍ଗେ ଲାଗିଗଲେ ଜଳ
ପାପୀ ପାଏ ଶତ ପୁଣ୍ୟଫଳ
ଯେ ଦେବ ମହାଦେବ
ବିଭୁତି ବୋଳା ଶିବ
ସେହି ପିନାକୀ ହର
ଜୟ ଜୟ ରୁଦ୍ରେଶ୍ୱର
ଜୟ ଜୟ ବଜ୍ରେଶ୍ୱର
ଜୟ ଜୟ କପିଳେଶ୍ୱର
ଜୟ ଜୟ ମୁକ୍ତେଶ୍ୱର

ଜଟାରୁ ଯାହାର ଗଙ୍ଗା ଝରେ
ଚନ୍ଦ୍ର ଝଟକେ ଯାହା ଶିରେ;
ବାସୁକୀ ଗରଳ ପାନ କରି
ନୀଳକଣ୍ଠ ହେଲେ ଜଟାଧାରୀ
କୈଳାସ ପତି ହର
ସେ ମହା ଯୋଗୀବର
ସେହି ଶମ୍ଭୁନାଥ ହର
ଜୟ ଜୟ ରୁଦ୍ରେଶ୍ୱର
ଜୟ ଜୟ ବଜ୍ରେଶ୍ୱର
ଜୟ ଜୟ କପିଳେଶ୍ୱର
ଜୟ ଜୟ ବାଲୁକେଶ୍ୱର

ଜୟ ଯଦୁନନ୍ଦନ

ଚଳଚ୍ଚିତ୍ର: ଗପ ହେଲେ ବି ସତ (୧୯୭୬)
କଣ୍ଠଶିଳ୍ପୀ: ସୁମନ କଲ୍ୟାଣପୁର
ସଙ୍ଗୀତ ନିର୍ଦ୍ଦେଶକ: ଭୁବନ ହରି
ଗୀତିକାର : ଗୁରୁକୃଷ୍ଣ ଗୋସ୍ୱାମୀ

ଜୟ ଯଦୁନନ୍ଦନ
ରାଧିକା ପ୍ରାଣବଲ୍ଲଭ ହେ ବଂଶୀବଦନ
ଜୟ ଜଗଦୀଶ ହରେ
ଜୟ ଯଦୁନନ୍ଦନ ... ଜୟ ଜଗଦୀଶ ହରେ

ଆହେ ଚିନ୍ତାମଣି ପ୍ରଭୁ ଦୀନବନ୍ଧୁ
ମୁକୁନ୍ଦ ମୁରାରି ହେ କରୁଣାସିନ୍ଧୁ
ଜୟ ବ୍ରଜମୋହନ ଘେନ ହେ ବନ୍ଦନ
ଜୟ ଜଗଦୀଶ ହରେ

ଆହେ ବ୍ରଜବନ୍ଧୁ ଦୁଃଖଭଞ୍ଜନ
ଗୋବିନ୍ଦ ଗୋପାଳ ହେ ମଧୁସୂଦନ
ଜୟ କୃଷ୍ଣ ମୁରାରି ଘେନ ହେ ବନ୍ଦନ
ଜୟ ଜଗଦୀଶ ହରେ

ଜୟ ଜୟ ଦାରୁବ୍ରହ୍ମ

ଚଳଚ୍ଚିତ୍ର: ମାଣିକ (୧୯୮୨)
କଣ୍ଠଶିଳ୍ପୀ: ସିକନ୍ଦର ଆଲାମ
ସଙ୍ଗୀତ ନିର୍ଦ୍ଦେଶକ: ଉପେନ୍ଦ୍ର କୁମାର
ଗୀତିକାର : ପ୍ରଭାକର ପାଣିଗ୍ରାହୀ

ଜୟ ଜୟ ଦାରୁବ୍ରହ୍ମ ନୀଳାଦ୍ରି ବିହାରୀ
ଚକାଡୋଳା ଚିନ୍ତାମଣି ପାପ ତାପ ହାରୀ
ଜାତି ଧର୍ମ ନିର୍ବିଶେଷେ ଭକ୍ତଜନ ପ୍ରତି
କୃପାନେତ୍ରେ ଚାହୁଁଅଛ ଆହେ ବିଶ୍ୱପତି

ନୀଳଚକ୍ର ତଳେ ନାଥ ବଡ ଦେଉଳରେ
ବିଜେ କରିଅଛ ମହୋଦଧିର କୂଳରେ
ବଦ୍ରି ନାରାୟଣେ ସ୍ନାନ ଦ୍ୱାରକାରେ ବେଶ
ପୁରୀ ଧାମେ ଦିବ୍ୟ ଅନ୍ନ ଘେନ ଜଗଦୀଶ
ପୁଣି ଜଗନ୍ନାଥ ରାମେଶ୍ୱର ଧାମେ ଯାଇ
ସୁଖେ ନିଦ୍ରା ଯାଅ ପ୍ରଭୁ ବ୍ରହ୍ମାଣ୍ଡ ଗୋସାଇଁ
ପତିତପାବନ ବାନା ଯେ ନୀଳ କନ୍ଦରେ
ଉଡାଉ ଅଛ ହେ ପ୍ରଭୁ ପ୍ରେମେ ଫରଫରେ

ଶ୍ରୀକ୍ଷେତ୍ରରେ ଚକାଡୋଳା ତିନି ରୂପ ଧରି
କଳା ଧଳା ହଳଦିଆ ରଙ୍ଗେ ସାଜି କରି
ଜଗନ୍ନାଥ ବଳଭଦ୍ର ସୁଭଦ୍ରାଇ ନାମେ
ବିଖ୍ୟାତ ହୋଇଲେ ମହାବାହୁ ଚାରି ଧାମେ

ବଡଦାଣ୍ଡ ବଡଦିଅଁ ବଡ ସେ ଦେଉଳ
ବହୁ ଦେବଦେବୀ ସହ ବିଜେ ଆଦି ମୂଳ
ଅରୁଣ ସ୍ତମ୍ଭ ବାଇଶି ପାହାଚରେ ଥାଇ
ଭକ୍ତଗଣେ ଭକ୍ତିଭରେ ଡାକନ୍ତି ଗୋସାଇଁ
ରତ୍ନ ସିଂହାସନେ ଦେଖି ସେ ଚକା ନୟନ
କୈବଲ୍ୟ ସେବନେ ପାପ ହୁଏ ବିମୋଚନ

ବାର ମାସେ ତେର ଯାତ୍ରା ଦେଖନ୍ତି ସଭିଏଁ
ବହୁବେଶେ ଦେଖା ଦେଇ ପ୍ରଭୁ ମନ ମୋହେ
ସହସ୍ର ସହସ୍ର ଯାତ୍ରୀ ରଥ ଯାତ୍ରା ଦେଖି
ସାର୍ଥକ କରନ୍ତି ସର୍ବେ ତାଙ୍କ ପାପ ଆଖି

ବୈଶାଖ ମାସେ ଚନ୍ଦନ ବେଶ
ଜ୍ୟେଷ୍ଠ ମାସେ ପ୍ରଭୁ ବେଶ ଗଣେଶ
ଆଷାଢ଼ ମାସେ ରଥେ ସୁନା ବେଶ
ଭାଦ୍ରବ ମାସେ ବଣଭୋଜି ବେଶ
ବାମନ ରାମ ବଳରାମ ବେଶ
ଅଶ୍ୱିନେ ପ୍ରଭୁଙ୍କର ରାଜା ବେଶ

କାର୍ତ୍ତିକେ ରାଧା ଦାମୋଦର ବେଶ
ଆବର ଗଜ ଉଦ୍ଧାରଣ ବେଶ
ଶ୍ରୀ ହରିହର ଲକ୍ଷ୍ମୀ ନାରାୟଣ
ଶ୍ରୀ ରାଜ ରାଜେଶ୍ୱର ନାଗାର୍ଜୁନ
ଚାଚେରି ବେଶକୁ କରି ଧାରଣ
ହରନ୍ତି ପ୍ରଭୁ ସମସ୍ତଙ୍କ ମନ

ଭାବ ବିନୋଦିଆ ହେଉ ଭକତ ଭାବେ ବନ୍ଧନ
ଛୁଆଁ ଅଛୁଆଁ ଭାବକୁ ମନରେ ନ ଦେଇ ସ୍ଥାନ
ପତ୍ର ପୁଷ୍ପ ଫଳ ଜଳ ଭକ୍ତିରେ ଅର୍ପଣ
କରିଲେ ତାହାକୁ ଘେନୁ ପ୍ରଭୁ ନାରାୟଣ

କୋଳି ଅଇଁଠା କରିଣ ଶବରୀ ଆଣିଲା
ପ୍ରେମାନନ୍ଦେ ଖାଇଲୁ ତୁ ଖୁଆଇ ସେ ଦେଲା
ଦୀନ ସୁଦାମା ହାତରୁ ଖୁଦ ମୁଠେ ଖାଇ
ଭକ୍ତ ଭାବନାରେ ପ୍ରଭୁ ବନ୍ଧା ହେଲୁ ତୁହି
ଯୁଗେ ଯୁଗେ ଭକ୍ତ ଗଣ ତୋର ବାଟ ଚାହିଁ
ରହିଛନ୍ତି ନିଜ ହାତେ ଖୁଆଇବା ପାଇଁ
ରହିଛନ୍ତି ନିଜ ହାତେ ଖୁଆଇବା ପାଇଁ ...

ଜୟ ଜୟ ଦେବ ହରେ

ଚଳଚ୍ଚିତ୍ର: ସତୀ ଅନସୂୟା (୧୯୭୮)
କଣ୍ଠଶିଳ୍ପୀ: ଚିତ୍ତ ଜେନା
ସଙ୍ଗୀତ ନିର୍ଦ୍ଦେଶକ: ପ୍ରଫୁଲ୍ଲ କର
ଗୀତିକାର : ଲୋକନାଥ ପଟ୍ଟନାୟକ

ଜୟ ଜୟ ଦେବ ହରେ
ଜୟ ଜୟ ଦେବ ହରେ
ନାରାୟଣ ନାରାୟଣ ନାରାୟଣ ହରେ
ଜୟ ଜୟ ଦେବ ହରେ

ଦେବ ଦେବ ନନ୍ଦିତ
ଯୋଗୀ ଜନ ବନ୍ଦିତ
ସୁଶୋଭିତ ସୁଦର୍ଶନ ଚକ୍ର କରେ
ନାରାୟଣ ନାରାୟଣ ନାରାୟଣ ହରେ
ଜୟ ଜୟ ଦେବ ହରେ

ମଣିମୟ କୁଣ୍ଡଳ
ଯୁତ ମୁଖ ମଣ୍ଡଳ
ପଦଯୁଗ ଅର୍ଚ୍ଚିତ ନାଗ ନରେ
ନାରାୟଣ ନାରାୟଣ ନାରାୟଣ ହରେ
ଜୟ ଜୟ ଦେବ ହରେ

ଜୟ ଜୟ ଧବଳେଶ୍ୱର

ଚଳଚ୍ଚିତ୍ର: ସୁନା ପାଲିଙ୍କି (୧୯୯୭)
କଣ୍ଠଶିଳ୍ପୀ: ଅନୁରାଧା ପୋଡ଼ୱାଲ
ସଙ୍ଗୀତ ନିର୍ଦ୍ଦେଶକ: ସୁବାଷ ରାମ
ଗୀତିକାର : ଶୀର୍ଷାନନ୍ଦ

ଜୟ ଜୟ ଧବଳେଶ୍ୱର
ସବୁରି ଆଶା ପୂର୍ଣ୍ଣ କର ... ପୂର୍ଣ୍ଣ କର
ଯୁଗେ ଯୁଗେ ତୁମେ ଭକତର
ତୁମ ମହିମା ଗାଏ ସଂସାର
ଯେ ଡାକେ ପ୍ରଭୁ ଭକତିରେ ହୁଅ ତାର
ଜୟ ଜୟ ଧବଳେଶ୍ୱର
ସବୁରି ଆଶା ପୂର୍ଣ୍ଣ କର .. ପୂର୍ଣ୍ଣ କର

ଦେବ ଦେବ ମହାଦେବ ଶିବ ଶମ୍ଭୁ ନାଗେଶ୍ୱର
ତୁମ କୋପେ ଥରହର ପ୍ରଭୁ ଏଇ ତିନିପୁର
ଜଟାଧାରୀ କୈଳାସ ପତି ବିପଦୁ ତୁମେ ଉଦ୍ଧାର
ଜୟ ଜୟ ଧବଳେଶ୍ୱର

କିଏ ଆସେ କେତେ ଦୂରୁ, କେତେ ଆଶା ମନେ ନେଇ
ଏ ଦୁଆରୁ କେହି କେବେ ଖାଲି ହାତେ ଫେରେ ନାହିଁ
କହେ ପ୍ରଭୁ ଜଗତ ସାରା ମନ ଜାଣି ଦିଅ ବର
ଜୟ ଜୟ ଧବଳେଶ୍ୱର

ଲିଭା ଦୀପ ଜଳି ଯାଏ, ହଜା ସାଥି ମିଳି ଯାଏ
ଯିଏ ଯାହା ଖୋଜେ ପାଏ, ପାଇ ତୁମ ଗୁଣ ଗାଏ
ଖୁସି ମନେ ଲାଗି କରାଏ ଶହେ ଆଠ ବେଲ ପତର
ଜୟ ଜୟ ଧବଳେଶ୍ୱର

ଜୟ ମା ମଙ୍ଗଳା

ଚଳଚ୍ଚିତ୍ର: ତଅପୋଇ (୧୯୭୮)
କଣ୍ଠଶିଳ୍ପୀ: ତୃପ୍ତି ଦାସ, ଗୀତା ପଟ୍ଟନାୟକ
ସଙ୍ଗୀତ ନିର୍ଦ୍ଦେଶକ: ଅକ୍ଷୟ ମହାନ୍ତି
ଗୀତିକାର : ବିନୋଦିନୀ ଦେବୀ

ଜୟ ମା ମଙ୍ଗଳା ବିପଦ ଭଞ୍ଜନୀ
ଆରତ ନାଶିନୀ ଦୟାମୟୀ
ଶକ୍ତି ପ୍ରଦାୟିନୀ ସଙ୍କଟ ତାରିଣୀ
ଦୁଃଖ ନିବାରିଣୀ ମହାମାୟୀ

ଆପଦେ ବିପଦେ ଦୀନଜନ ଲାଗି
ଦଶ ପ୍ରହରରେ ରହୁ ଜାଗି
କେତେ ଦୁଃଖୀ ମନ ଦଳିତ ଜୀବନ
ଜିତିଛି ଜୀବନେ ଆଶା ମାଗି
ବୁଡ଼ିବାର ଭେଳା କୂଳେ କରି ଖେଳା
ଚକ୍ର ଆଢୁଆଳେ କରୁ ଛାଇ

ଚାଲି ନ ଥିଲି ମୁଁ ପିଣ୍ଡା ଧାରେ ବୋଲି
ଖଣ୍ଡା ଧାରେ ମତେ ଚଲାଇଲୁ
ନାଲି କାଇଁଚକୁ ପୋହଳା ମଣାଇ
ତୁଛାଟାରେ ସିନା ଫାନ୍ଦି ଦେଲୁ
ସକାଳ କାକର ଝିଲିମିଲି ଦେଖି
ମୁକୁତା ବୋଲି ମୁଁ ଭଲିଗଲି
ପଳାଶ ବୋଲି ଯା ଜୁଡ଼ାରେ ଖୋଷିଲି
ଜଳନ୍ତା ଜୁଇରେ ଜଳିଗଲି
ମହୁବନେ ମତେ ମହୁଆ ଯା ଦେଲୁ
ବିଷେ ବିଷେ ମନେ ଘାରି ହେଲି
ଜୟ ମା ମଙ୍ଗଳା ...

ଜୟ ରଘୁନନ୍ଦନ

ଚଳଚ୍ଚିତ୍ର: କାଚଘର (୧୯୮୧)
କଣ୍ଠଶିଳ୍ପୀ: ନିର୍ମଳା ମିଶ୍ର
ସଙ୍ଗୀତ ନିର୍ଦ୍ଦେଶକ: କାହ୍ନୁ ଦାସ
ଗୀତିକାର: ସୁରେନ୍ଦ୍ର ବିଦ୍ୟାଧର

ଜୟ ରଘୁନନ୍ଦନ ଜୟ ଘନଶ୍ୟାମ
ଜୟ ଦାରୁବ୍ରହ୍ମ ହେ ଜଗତ କାରଣ
ଜୟ ରଘୁନନ୍ଦନ

ଡାକି ଡାକି ଥକିଗଲି ଦେଖା ଦିଅନାହିଁ
ଭାବୁଛ କି କିଛି ହେଲେ ମାଗିବିକି ମୁହିଁ
ସବୁ ଦେଇଅଛ ମୋତେ କିଛି ଲୋଡ଼ା ନାହିଁ
କିଛି ଲୋଡ଼ା ନାହିଁ
ଜୟ ରଘୁନନ୍ଦନ

ମାଗି ମାଗି ମାଗିବି ମୁଁ ତୁମ ପଦ ଧୂଳି
ଭୁଲିଯିବି ଦୁଃଖ ଯେତେ ଶିରେ ମୋର ବୋଳି
ତୁମ ପଦ ସେବିବି ମୁଁ ଏଇ ମୋର ଅଳି
ଏଇ ମୋର ଅଳି
ଜୟ ରଘୁନନ୍ଦନ

ଜୟ ତୁ ମହାଲକ୍ଷ୍ମୀ

ଚଳଚ୍ଚିତ୍ର: ମହାଲକ୍ଷ୍ମୀ ପୂଜା (୧୯୫୯)
କଣ୍ଠଶିଳ୍ପୀ: ହେମନ୍ତ କୁମାର
ସଙ୍ଗୀତ ନିର୍ଦ୍ଦେଶକ: ନଚିକେତା ଘୋଷ
ଗୀତିକାର: ସତ୍ୟ ନାରାୟଣ ପଣ୍ଡା

ଅନନ୍ତ ଆକାଶେ ଅଗଣିତ ତାରକା
ନୁହେଁ କି ମା ତବ ମହିମା
ସାଗର ଗରଭେ ମଣି ମୋତି ମାଣିକା
ସବୁ ତ ତୁମରି ମହିମା
ଅନନ୍ତ ଆକାଶେ ...
ଜୟ ତୁ ମହାଲକ୍ଷ୍ମୀ ଜୟ ତୁ ମା
ଜୟ ତୁ ମହାଲକ୍ଷ୍ମୀ ଜୟ ତୁ ମା

ସୂର୍ଯ୍ୟରେ ଆଲୋକ ଚାନ୍ଦରେ ଜୋଛନା
କୋମଳ କୁସୁମେ ସୌରଭ ସୁଷମା
ଜଳଧି ତରଙ୍ଗେ ତାନ ମାଧୁରିମା
ସବୁ ତ ତୁମରି କଳପନା
ଜୟ ତୁ ମହାଲକ୍ଷ୍ମୀ ଜୟ ତୁ ମା
ଜୟ ତୁ ମହାଲକ୍ଷ୍ମୀ ଜୟ ତୁ ମା

ଫୁଲେ ଫୁଲେ ତବ ଶୋଭା ବିରାଜେ
ଗିରିବନ ଗଗନେ ପ୍ରତିଭା ସାଜେ
ଜୀବନେ ମଧୁର ମୃଦଙ୍ଗ ବାଜେ
ସବୁ ତ ତୁମରି ଗରିମା
ଜୟ ତୁ ମହାଲକ୍ଷ୍ମୀ ଜୟ ତୁ ମା
ଜୟ ତୁ ମହାଲକ୍ଷ୍ମୀ ଜୟ ତୁ ମା

ତୁମେ ତ କାନ୍ତି ତୁମେ ବିଭୁତି
ଭୋଗ ଭାଗ୍ୟ ସୁଖ ବିଶ୍ୱଶାନ୍ତି
ସବୁଜ ସୁନ୍ଦର ଶୋଭେ ବସୁମତୀ
ସବୁ ତ ତୁମରି କରୁଣା
ଜୟ ତୁ ମହାଲକ୍ଷ୍ମୀ ଜୟ ତୁ ମା
ଜୟ ତୁ ମହାଲକ୍ଷ୍ମୀ ଜୟ ତୁ ମା

ଯୁଗେ ଯୁଗେ ଭଗବାନ

ଚଳଚ୍ଚିତ୍ର: ସାକ୍ଷୀ ଗୋପୀନାଥ (୧୯୭୮)
କଣ୍ଠଶିଳ୍ପୀ: ବାଳକୃଷ୍ଣ ଦାସ
ସଙ୍ଗୀତ ନିର୍ଦ୍ଦେଶକ: ବାସୁଦେବ ରଥ
ଗୀତିକାର: ସୁରେନ୍ଦ୍ର ବିଦ୍ୟାଧର

ଯୁଗେ ଯୁଗେ ଭଗବାନ ଭକତର ଦାସ
ଭକତ ମୁକତି ପାଇଁ ଲୀଳା ପରକାଶ

ଛାଡି ବୃନ୍ଦାବନ ଶ୍ରୀଛନ୍ଦା ଚରଣ
ଚଳିଲେ ଭକତ ସାଥେ
ନୂପୁରର ତାନ କିଣିନିଏ ମନ
ମୋହନ ମୁରଲୀ ହାତେ

ମରୁବାଲି ଏ ତ ଖରାରେ ତାତିଛି
ତାତିବ ଭକତ ପାଦ
ନିମିଷେ ସୃଜିଲେ ସବୁଜ ବନାନୀ
ଦୂର କରି ପରମାଦ
ଆହା ଦୂର କରି ପରମାଦ

ଆଗରେ ପାହାଡ଼ ଦୁରୁଗମ ଶିଳା
ଭକତ ପାଏନି ରାହା
ଇଛାମୟଙ୍କର ଇଛାରେ ପଲକେ
ଦୁଇ ଭାଗ ହେଲା ତାହା
ଆହା ଦୁଇ ଭାଗ ହେଲା ତାହା

କଣ୍ଟକ ପଥେ ଫୁଟିଗଲା କଣ୍ଟା
ଆହା କହି କାଢ଼ିଦେଲେ
କଣ୍ଟାବନ ହେଲା ସୁକୋମଳ ଶେଯ
ଫଗୁଣର ଫୁଲେ ଫୁଲେ
ଆହା ଫଗୁଣର ଫୁଲେ ଫୁଲେ

ଏ କି ଭରା ନଈ ଦୁଇ କୂଳ ଖାଇ
କୂଳେ ଦେଖା ନାହିଁ ତରୀ
ନଉକା ସୃଜିଲେ ନାଉରୀ ସାଜିଲେ
ଦୀନବନ୍ଧୁ ଦଇତାରୀ
ପ୍ରଭୁ ଦୀନବନ୍ଧୁ ଦଇତାରୀ
ଦୀନବନ୍ଧୁ ଦଇତାରୀ ...

ଯୁଗେ ଯୁଗେ ହରି

ଚଳଚ୍ଚିତ୍ର: ମାଣିକ (୧୯୮୨)
କଣ୍ଠଶିଳ୍ପୀ: ସିକନ୍ଦର ଆଲାମ
ସଙ୍ଗୀତ ନିର୍ଦ୍ଦେଶକ: ଉପେନ୍ଦ୍ର କୁମାର
ଗୀତିକାର: ନାରାୟଣ ପ୍ରସାଦ ସିଂହ

ଯୁଗେ ଯୁଗେ ହରି ଧର୍ମ ରକ୍ଷା କରି
ଧରା ଧାମେ ଆସିଲେ
କେତେ ଯେ ଅବତାର ରଚିଲେ
ଦୁଷ୍ଟରେ ସଂହାରି ସନ୍ଥ ସାଧୁ ପାଳି
ସୁଖ ଶାନ୍ତି ସ୍ଥାପିଲେ
ସେ ପ୍ରଭୁ ଠାକୁର ବୋଲାଇଲେ
କେତେ ଯେ ଅବତାର ରଚିଲେ

ସତ୍ୟରେ ଶ୍ରୀପତି ନରସିଂହ ରୂପେ
ହିରଣ୍ୟକୁ ବଧିଲେ
ସେ ପ୍ରଭୁ ସାଗରକୁ ମନ୍ଥିଲେ
ଦେଲେ ଦେବଗଣେ ଅମୃତ ଭୋଜନ
କମଳାଙ୍କୁ ଆଣିଲେ
ସେ ପ୍ରଭୁ ରାହୁ ଗଳା ଛେଦିଲେ
ଯୁଗେ ଯୁଗେ ହରି ଧର୍ମ ରକ୍ଷା କରି ...

ତ୍ରେତୟା ଯୁଗରେ ରାମ ଅବତାରେ
ପିତୃ ସତ୍ୟ ପାଳିଲେ
ସେ ପ୍ରଭୁ ବନବାସେ ଚଳିଲେ
ଅନୁଜ ଲକ୍ଷ୍ମଣ ସତୀ ସୀତା ଘେନି
କେତେ ଦୁଃଖ ସହିଲେ

ସେ ପ୍ରଭୁ ଦଶାନନେ ବଧିଲେ
ଯୁଗେ ଯୁଗେ ହରି ଧର୍ମ ରକ୍ଷା କରି ...

ଦ୍ୱାପର ଯୁଗରେ ଜନ୍ମି ମଥୁରାରେ
ନନ୍ଦ ଘରେ ବଢ଼ିଲେ
ସେ ପ୍ରଭୁ ଧେନୁ ବତ୍ସା ଜଗିଲେ
ଅଘା ବକା ନାଶି କାଳି ସର୍ପ ଧ୍ୱଂସି
କନ୍ଦରକୁ ତୋଳିଲେ
ସେ ପ୍ରଭୁ କଂସାସୁରେ ନାଶିଲେ
ଯୁଗେ ଯୁଗେ ହରି ଧର୍ମ ରକ୍ଷା କରି ...

କଳିଯୁଗେ ପ୍ରଭୁ ନୀଳାଦ୍ରି କନ୍ଦରେ
ଶ୍ରୀ ମନ୍ଦିରେ ରହିଲେ
ଜଗତନାଥ ନାମ ବହିଲେ
ଉଡାଇ କେତନ ପତିତ ପାବନ
ପତିତରେ ତାରିଲେ
ସେ ପ୍ରଭୁ କେତେ ଲୀଳା ରଚିଲେ
ଯୁଗେ ଯୁଗେ ହରି ଧର୍ମ ରକ୍ଷା କରି...

କାହିଁ ଗଲେ ବନ୍ଧୁରେ

ଚଳଚ୍ଚିତ୍ର: ଅଭିମାନ (୧୯୭୭)
କଣ୍ଠଶିଳ୍ପୀ: ଘନଶ୍ୟାମ ପଣ୍ଡା
ସଙ୍ଗୀତ ନିର୍ଦ୍ଦେଶକ: ରାଧାକୃଷ୍ଣ ଭଞ୍ଜ/ ସରୋଜ ପଟ୍ଟନାୟକ
ଗୀତିକାର: ଶିବବ୍ରତ ଦାସ

କାହିଁ ଗଲେ ବନ୍ଧୁରେ
ରାଧା ରାଣୀ ଝୁରି ମରେ
କାନ୍ଦେ ରାଇ ତନୁ ମନ
ଖାଲି ଆଜି ବୃନ୍ଦାବନ .. ଖାଲି ଆଜି ବୃନ୍ଦାବନ
ଆଖିରୁ ଝରେ ଲୁହ ଦାରୁଣ ଏ ବିରହ
ଖାଲି ଆଜି ବୃନ୍ଦାବନ .. ଖାଲି ଆଜି ବୃନ୍ଦାବନ
କାହିଁ ଗଲେ ବନ୍ଧୁରେ ... ଏ ବନ୍ଧୁରେ

ଏ କି ପରମାଦ ହେଲା ନୂଆ ବୟସୀ ବାଳା
ହଟିଆ କାହ୍ନୁ ଲାଗି ନେଲା କଳଙ୍କର ବୋଲା
ମିଛ ନାଗରା ବାଜିଲା
ବାଜିଲା ଗୋପ ପୁରେ, ବାଜିଲା ଗୋପ ପୁରେ
କାହିଁ ଗଲେ ବନ୍ଧୁରେ ... ଏ ବନ୍ଧୁରେ

ରାଇ ଯଦି କରେ ମାନ, ଆରେ କାଳିଆ ଧନ
ଛାଡି ଏ ନଟ କୁଟ କହି ତୁ ଚାଟୁ ବଚନ
ମାନ ଭଞ୍ଜନ ପାଇଁକି
ପୁଣି ତୁ ଧାଇଁବୁରେ, ପୁଣି ତୁ ଧାଇଁବୁ
କାହିଁ ଗଲେ ବନ୍ଧୁରେ
ରାଧା ରାଣୀ ଝୁରି ମରେ ...

କାହିଁ ଗଲେ ଶ୍ୟାମଘନ

ଚଳଚ୍ଚିତ୍ର: ବନ୍ଧୁ ମହାନ୍ତି (୧୯୭୭)
କଣ୍ଠଶିଳ୍ପୀ: ଚିତ୍ତ ଜେନା
ସଙ୍ଗୀତ ନିର୍ଦ୍ଦେଶକ: ପ୍ରଫୁଲ୍ଲ କର
ଗୀତିକାର: ପ୍ରଫୁଲ୍ଲ କର

କାହିଁ ଗଲେ ଶ୍ୟାମଘନ ଏ ଘନ କାଳରେ
ଝୁରେ ରାଧା ବିରହିଣୀ ଏକାକୀ ଆକୁଳେ
ବନ୍ଧୁରେ ...
କାହିଁ ଗଲେ ଶ୍ୟାମଘନ ଏ ଘନ କାଳରେ

ହେ କୃଷ୍ଣ ହେ କହ୍ନାଇ ଡାକି ଡାକି ରାଇ
ନିରାଶେ ନିକୁଞ୍ଜେ ଆହା ପଡିଛି ଘୁମାଇ
ବାର ବାର ହୃଦ ଥରେ
ଯେବେ କୃଷ୍ଣ ନାମ ଭାଳେ
ଝର ଝର ଲୁହ ଧାର ନୟନୁ ଝରେ
ବନ୍ଧୁରେ ...
କାହିଁ ଗଲେ ଶ୍ୟାମଘନ ଏ ଘନ କାଳରେ

କିଏ ବା କହିବ ଯାଇ ରାଇକୁ ବୁଝାଇ
ରାଧା ନାମ ଗାଇ ଗାଇ ମୁରଲି ଝୁରଇ
ଥିଲେ ଯେତେ ଦୂରେ ଦୂରେ
ମନ ଖୋଜେ ମନକୁ ରେ
ଏକକୁ ଆରେକ ବନ୍ଧା ପୀରତି ଡୋରେ
ବନ୍ଧୁରେ ...
କାହିଁ ଗଲେ ଶ୍ୟାମଘନ ଏ ଘନ କାଳରେ

କାଳିଆ ଆସିଲା ଭାଇ

ଚଳଚ୍ଚିତ୍ର: ଶ୍ରୀ ଜଗନ୍ନାଥ (୧୯୭୯)
କଣ୍ଠଶିଳ୍ପୀ: ଏସ. ଜାନକୀ
ସଙ୍ଗୀତ ନିର୍ଦ୍ଦେଶକ: ଅକ୍ଷୟ ମହାନ୍ତି
ଗୀତିକାର: ବିନୋଦିନୀ ଦେବୀ

କାଳିଆ ଆସିଲା, ଆରେ କାଳିଆ ଆସିଲା
କାଳିଆ ଆସିଲା ଭାଇ
ନିଶିକଳା ନୁହେଁ ଶଶିକଳା ନୁହେଁ
କାଳିଆ ତୋହର ଛାଇ
କାଳିଆ ଆସିଲା, ଆରେ କାଳିଆ ଆସିଲା
କାଳିଆ ଆସିଲା ଭାଇ

ତୁ ଚାତକ ସେ ଆକାଶ ଧାର
ତୁ ମରୁଭୂମି ସେ କରୁଣା ଝର
ତୋ ମନର ତାପ ଶୀତଳାଇ ଦେବ
ତୁ ଖୋଜୁଛୁ ନୀର ସେ ଦେବ ଦହି
ଦହି ନେବ ଦହି
କାଳିଆ ଆସିଲା, ଆରେ କାଳିଆ ଆସିଲା
କାଳିଆ ଆସିଲା ଭାଇ

ତୁ କଳସ ସେ ନବାତ ପଣା
କାଳିଆ ଜନମେ ଜନମେ ତୋ କିଣା
କଷଟି ପଥରରେ ଗାର କାଟିଦେଲେ
ଚିହ୍ନରା ଚିହ୍ନଇ ସୁନା ସହି
ଦହି ନେବ ଦହି
କାଳିଆ ଆସିଲା, ଆରେ କାଳିଆ ଆସିଲା
କାଳିଆ ଆସିଲା ଭାଇ ...

କହରେ କିଏ ସେ

ଚଳଚ୍ଚିତ୍ର: କୃଷ୍ଣ ସୁଦାମା (୧୯୭୬)
କଣ୍ଠଶିଳ୍ପୀ: ଚିତ୍ତ ଜେନା
ସଙ୍ଗୀତ ନିର୍ଦ୍ଦେଶକ: ଶ୍ରୀ କୁମାର
ଗୀତିକାର: ଶିବବ୍ରତ ଦାସ

କହରେ କିଏ ସେ
ସବୁଜ ଏ ବନ ନୀଳ ଆକାଶେ
ଝଟକାଏ ତା ଜ୍ୟୋତିର ପ୍ରକାଶେ
କଥାରେ ତାହାର ବହେରେ ପବନ
କହ କାହା ଆଦେଶରେ
ବରଷା ଯେ ବରଷେ
କହରେ ... କିଏ ସେ ...

ସେ ଲୁଚି ରହିଛି ଫୁଲ ସୁବାଷରେ
ପୁରୁଷର ଶକତିରେ ରମଣୀ ରୂପରେ
ଶିଶୁର ହସରେ କୁମାରୀ ଲାଜରେ
ଚଉଦିଗେ ସେ ପରମ ମହିମା ଯେ ବିକଶେ
କହରେ ... କିଏ ସେ ...

ତା ବଇଁଶୀ ସ୍ୱନ ଅମୃତ ସମାନ
ଗୀତିମୟ ପ୍ରୀତିମୟ କରିଛି ଜୀବନ
ସେ ମନମୋହନ ପଦେ ରଖି ଧ୍ୟାନ
ଅବିରତ ଗାଇ ଯାଏ ନାମ ତାର ହରଷେ
କହରେ ... କିଏ ସେ ...

କହଇ ମନ ଆରେ

ଚଳଚ୍ଚିତ୍ର: ବିଲ୍ୱ ମଙ୍ଗଳ (୧୯୮୧)
କଣ୍ଠଶିଳ୍ପୀ: ଚିତ୍ତ ଜେନା
ସଙ୍ଗୀତ ନିର୍ଦ୍ଦେଶକ: ପ୍ରଫୁଲ୍ଲ କର
ଗୀତିକାର: ଭକ୍ତ ଚରଣ ଦାସ

କହଇ ମନ ଆରେ ମୋ ବୋଲ କର
କଳା ଶ୍ରୀମୁଖ ବାରେ ଦେଖିବା ଚାଲ
କେତେ ଦିନକୁ ମନ ବାନ୍ଧିଛୁ ଆଣ୍ଟ
କି ଘେନି ଯିବୁ ତୋର ଛୁଟିଲେ ଘଟ

ଖଣ୍ଡି ଯେ ଖଣ୍ଡି ତୋର ପଞ୍ଜରା କାଠି
ଖାଉଣ ଥିବେ ଶ୍ୱାନ ଶୃଗାଳ ବାଣ୍ଟି
ଖଟ ପଲଙ୍କେ ମନ ସେ ଯାଇ ଶୋଉ
ଖଳ ଦୁର୍ଗନ୍ଧ ହେବ ଏ ତୋର ଦେହୁ

ଗଲେଣି ତୋ ସଙ୍ଗତୁ ଯେତେକ ଜନ
ଗଣ୍ଠିରେ ବାନ୍ଧି ନେଲେ କେ କେତେ ଧନ
ଗୁରୁ ଗୋବିନ୍ଦ ନାମ ତୁଣ୍ଡେ ନ ବୋଲୁ
ଗାଢେ ମଜ୍ଜିଣ ନିତ୍ୟେ ଧନ ଅର୍ଜିଲୁ

ଘର ବୋଲି ଅର୍ଜିଛୁ ଯେତେ ପଦାର୍ଥ
ଘଟ ଛୁଟିଲେ ତୋତେ ବୋଲିବେ ଭୂତ
ଘର ଘରଣୀ ଦେହ କିଳାଉ ଥିବେ
ଘେନି ବନ୍ଧୁ କୁଟୁମ୍ବ ଶୁଦ୍ଧ ହୋଇବେ

ରଙ୍ଗ ପସରା ସିନା ଭବ ସାଗର
ରଙ୍ଗ ଭିତରେ ଅଛି କି ନାରଖାର
ରୂପ ପ୍ରତିମାକୁ ତୁ ପରତେ ନ ଯା
ରହିବେ ନାହିଁ କେହି ରାଜା ପରଜା

ଶ୍ରୀକୃଷ୍ଣ ପାଦପଦ୍ମେ ଦିଅ ତୁ ମନ
ସରିଲେ ନ ପାଇବୁ ଆଉ ଜୀବନ
ଶ୍ରୀକୃଷ୍ଣ ନାମ ଗୋଟି କର ଭଜନ
ଶ୍ରୀକୃଷ୍ଣ ପଦ୍ମ ପାଦେ କର ତୁ ଧ୍ୟାନ

କହଇ ମନ ଆରେ ମୋ ବୋଲ କର
କଳା ଶ୍ରୀମୁଖ ବାରେ ଦେଖିବା ଚାଲ

କାକଟପୁରେ ତୁ ମା ମଙ୍ଗଳା

ଚଳଚ୍ଚିତ୍ର: ମା ମଙ୍ଗଳା (୨୦୦୩)
କଣ୍ଠଶିଳ୍ପୀ: ଇରା ମହାନ୍ତି
ସଙ୍ଗୀତ ନିର୍ଦ୍ଦେଶକ: ବିଜୁ ସ୍ୱାଇଁ
ଗୀତିକାର: ନିର୍ମଳ ନାୟକ

କାକଟପୁରେ ତୁ ମା ମଙ୍ଗଳା
ଝଙ୍କଡ଼ ବାସିନୀ ମା ସାରଳା
ନୀଳାଚଳ ଧାମେ ମା ବିମଳା
ତାଳଚେରେ ତୁ ଲୋ ମା ହିଙ୍ଗୁଳା
ଜୟ ମା ମଙ୍ଗଳା ... ଜୟ ମା ମଙ୍ଗଳା
ଜୟ ମା ମଙ୍ଗଳା

ବିପଦେ ଆପଦେ ତୋତେ ସୁମରିଲେ
ଘଣ୍ଟ ଘୋଡାଉଲୋ ତୋ ପଣତ ତଳେ
ପଙ୍ଗୁ ଲଙ୍ଘେ ଗିରି ତୋ ଦୟା ହୋଇଲେ
ଦୁବ ହୁଏ ଦାରୁ ତୋର ଇଛା ବଳେ
ସିନ୍ଦୁର ଶୋଭିତା ମନ୍ଦାର ମଣ୍ଡିତା
ମା ଲୋ ଭକ୍ତ ବତ୍ସଳା
ଯାଜପୁରେ ତୁ ଲୋ ମା ବିରଜା
ବାଙ୍କିରେ ଚର୍ଚ୍ଚିକା ପାଉ ତୁ ପୂଜା
ସମଲପୁରେ ତୁ ସମଲେଇ ମା
ଘଟ ଗାଁ ବାସିନୀ ତାରିଣୀ ମା
ଜୟ ମା ମଙ୍ଗଳା ... ଜୟ ମା ମଙ୍ଗଳା
ଜୟ ମା ମଙ୍ଗଳା

ଯେଉଁଦିନରୁ ଲୋ ହେତୁ ମୁଁ ପାଇଲି
ମା ବୋଲି ତୋତେ ମନେ ଭାବି ନେଲି
ଅନ୍ଧୁଣୀ କରିଲୁ ବର ଫେରେଇଲୁ
ବାପଠୁ ପୁଅକୁ ଅଲଗା କରିଲୁ
କଟକଚଣ୍ଡୀ ମା ତୋ ଦୟା ହୋଇଲେ
ଲାଗିଯିବ କୂଳେ ମୋର ନାଆ
ଭୁବନେଶ୍ୱରରେ ଗୌରୀ ମା
ବାଣପୁରେ ତୁ ଲୋ ଭଗବତୀ ମା
ସଙ୍କଟ ନାଶିନୀ ହୁଅ ମା ସାହା
ତୋ ବିନୁ ଆଉ କେ କରିବ ଆହା
ଜୟ ମା ମଙ୍ଗଳା ... ଜୟ ମା ମଙ୍ଗଳା
ଜୟ ମା ମଙ୍ଗଳା

କାନ୍ଦି କହେ ନନ୍ଦରାଣୀ

ଚଳଚ୍ଚିତ୍ର: ଛ ମାଣ ଆଠ ଗୁଣ୍ଠ (୧୯୮୬)
କଣ୍ଠଶିଳ୍ପୀ: ଗୀତା ଦାସ
ସଙ୍ଗୀତ ନିର୍ଦ୍ଦେଶକ: ପ୍ରଫୁଲ୍ଲ କର
ଗୀତିକାର: ସ୍ୱରୂପ ନାୟକ

କାନ୍ଦି କହେ ନନ୍ଦରାଣୀ
ତୁ ଗଲେ ମଥୁରା ମୁରଲି ପାଣିରେ
ମରିବି ତୋ ଗୁଣ ଗୁଣି
ମୋ କାହ୍ନୁରେ .. ମରିବି ତୋ ଗୁଣ ଗୁଣି
ଜଗତେ ବୋଲିବେ ଜନ
ସେ ନନ୍ଦନନ୍ଦନ ଦେଲା କଷଣ ରେ
ଯଶୋଦା ହାରିଲା ପ୍ରାଣ
ମୋ କାହ୍ନୁରେ ...

କାନ୍ଦ କାହିଁ ଗୋ ମା
ମୋ ଦୋଷ ନାହିଁ ମା
ମୁଁ ଯେ ମାମୁଁ ଆଦେଶ ପାଳଇ ସିନା
ତୁମକୁ ଗୋ ମୋ ରାଣ, କର ଗୋ କ୍ଷମା
ହୋ ...
ଦୋଷୀ ତୁ ନୁହଁରେ ଧନ
ଖଳ ବିହି ମୋତେ ହୋଇଛି ବାମରେ
କୋଳ ମୋର କଲା ଶୂନ୍ୟ
ମୋ କାହ୍ନୁରେ ... କୋଳ ମୋର କଲା ଶୂନ୍ୟ

ଥିଲେ ଦୂରେ ଯେତେ ଥାଏ ତୁମ ହୃଦେ
ମା ଗୋ ସଦା ମୁଁ ବନ୍ଧା ତୁମ ପଣତେ
ତୁମ କୋଳେ ଗୋ ମିଳେ ସରଗ ମୋତେ
ହୋ..
କେମନ୍ତେ ବୁଝିବ ମନ
ପୁତ୍ର ବିହୁନେ ତୁଛ ଜୀବନ ରେ
ସ୍ତିରୀ ଜନ୍ମ ଅକାରଣ
ସ୍ତିରୀ ଜନ୍ମ ଅକାରଣ

କେଉଁ ନାମ ଧରି

ଚଳଚ୍ଚିତ୍ର: ସିନ୍ଦୁର ବିନ୍ଦୁ (୧୯୭୬)
କଣ୍ଠଶିଳ୍ପୀ: ପ୍ରଣବ ପଟ୍ଟନାୟକ
ସଙ୍ଗୀତ ନିର୍ଦ୍ଦେଶକ: ପ୍ରଫୁଲ୍ଲ କର
ଗୀତିକାର: କାଳନ୍ଦୀ ଚରଣ ପାଣିଗ୍ରାହୀ

କେଉଁ ନାମ ଧରି ଡାକିବୁ ତୁମକୁ
ତୁମେ ଯେ ସର୍ବନାମ
କେଉଁ ନାମ ଧରି ..

ଆଲୋକ ତୁମକୁ ନ ପାରେ ଦେଖାଇ
ତୁମେ ଯେ ଦେଖାଅ ତାହାରେ
ତୁମେ ଯେ ବେଢିଛ କୋଟି ବିଶ୍ୱର
ସବୁରି ଭିତରେ ବାହାରେ
ସକାଳ ପରାଣ ଝୁରଇ ତୁମକୁ
ତୁମେ ହେ ବିଶ୍ୱ ପ୍ରାଣ
କେଉଁ ନାମ ଧରି ..

ଲୁହ ହୋଇ ତୁମେ ଝରିପଡ଼ ପରା
କେତେ ନୟନର କୋଣରୁ
ହସ ହୋଇ ପୁଣି ଫୁଲ ପରି ଫୁଟ
କେତେ ଯେ ନରମ ଅଧରୁ
ସବୁରି ଅନ୍ତରେ ଭରିଦିଅ ପ୍ରଭୁ
ତୁମେ ହେ ଅମୃତ ପ୍ରେମ
କେଉଁ ନାମ ଧରି ..

କି ରୂପେ ପାଇବି

ଚଳଚ୍ଚିତ୍ର: ତ୍ରିନାଥ ମେଳା (୧୯୭୯)
କଣ୍ଠଶିଳ୍ପୀ: ରାଖାଲ ମହାନ୍ତି
ସଙ୍ଗୀତ ନିର୍ଦ୍ଦେଶକ: ରାଖାଲ ମହାନ୍ତି
ଗୀତିକାର: ଶ୍ରୀନିବାସ ମହାନ୍ତି

କି ରୂପେ ପାଇବି ତୁମକୁ ଖୋଜି ମୁଁ
ଦିନ ତ ଯାଉଛି ସରି ହେ
ଝରି ଝରି ଯାଏ ମୋ ଆଖିର ଲୁହ
ତୁମକୁ ହିଁ ଝୁରି ଝୁରି
କି ରୂପେ ପାଇବି ...

ହେ ପ୍ରଭୁ ମୋ ପରାଣ କୁସୁମେ
ତୁମରି ସୁବାଷ ପାଏନା ମରମେ
ଲିଭି ଲିଭି ଆସେ ଜୀବନ ପ୍ରଦୀପ
କଣ୍ଠ ମୋ ଉଠେ ଥରି
କି ରୂପେ ପାଇବି ...

ହେ ପ୍ରଭୁ ତୁମେ ମହା ମହୀୟାନ
ବୁଝି ତ ବୁଝନା ଦୁଃଖୀ ନିବେଦନ
ତଥାପି ଭରସା ରଖିଛି ତୁମକୁ
ଚାଲିବି ମୋ ବୁକେ ଧରି
କି ରୂପେ ପାଇବି ...

କି ଶୋଭା କେଳି କୁଞ୍ଜେ

ଚଳଚ୍ଚିତ୍ର: ଝିଲିମିଲି (୧୯୭୮)
କଣ୍ଠଶିଳ୍ପୀ: ଏସ. ଜାନକୀ
ସଙ୍ଗୀତ ନିର୍ଦ୍ଦେଶକ: ଅକ୍ଷୟ ମହାନ୍ତି
ଗୀତିକାର: ଅକ୍ଷୟ ମହାନ୍ତି

କି ଶୋଭା କେଳି କୁଞ୍ଜେ
ନାଗରମଣି ବିଜେ
ଚାହାଁରେ ପ୍ରାଣ ସଜନୀ

ବାମେ ନବ କିଶୋରୀ କିବା ରୂପ ମାଧୁରୀ
ଘେନି ସର୍ବ ମଞ୍ଜରୀ ମଧ୍ୟେ ଶ୍ରୀ ବେଣୁପାଣି
ତ୍ରିଭଙ୍ଗୀ ଛନ୍ଦେ ଛିଡା ଶିରେ ମୟୂର ଚୁଡା
ଶୋହେ ସେବତୀ ବେଡା ସତୀଙ୍କ ଦମ୍ଭ ଛଡା
ତ୍ରିଭଙ୍ଗୀରେ ଚାହାଣୀ ନିଏ ହୃଦୟ କିଣି
କେଡେ ସୁନ୍ଦର ରାଧା ... କେଡେ ସୁନ୍ଦର ରାଧା
ନାଚୁଆ ନୀଳମଣି
କି ଶୋଭା କେଳି କୁଞ୍ଜେ ...

ସେ ନଟବର କାହ୍ନୁ ରଙ୍ଗେ ବଜାନ୍ତି ବେଣୁ
ଦେଖ ତ୍ରିଭଙ୍ଗୀ ଠାଣି ମରମ ଦିଏ ହାଣି
ସେ ବଂଶୀ ବଟମୂଳେ ବିଜୟ ନବଘନ
ବରଣ ଦିଶୁଅଛି ନବୀନ ଶ୍ୟାମଘନ
ବରଣ ଦିଶୁଅଛି ନବୀନ ଶ୍ୟାମଘନ
ସେ ବଂଶୀ ଧ୍ୱନୀ ଶୁଣି ... ସେ ବଂଶୀ ଧ୍ୱନୀ ଶୁଣି
ବରଜ ମାନ ମାନିନୀ
କି ଶୋଭା କେଳି କୁଞ୍ଜେ ...

କି ସୁନ୍ଦର ଆହା

ଚଳଚ୍ଚିତ୍ର: ଗୌରୀ (୧୯୭୯)
କଣ୍ଠଶିଳ୍ପୀ: ବାଣୀ ଜୟରାମ, ଚିତ୍ତ ଜେନା
ସଙ୍ଗୀତ ନିର୍ଦ୍ଦେଶକ: ପ୍ରଫୁଲ୍ଲ କର
ଗୀତିକାର: ଭକ୍ତକବି ମଧୁସୂଦନ ରାଓ

କି ସୁନ୍ଦର ଆହା କି ଆନନ୍ଦମୟ
ଏହି ବିଶାଳ ସଂସାର
ଧନ୍ୟ ମହାପ୍ରଭୁ ମହିମା ତୁମ୍ଭର
ଅଟେ ଅନନ୍ତ ଅପାର ... ଅଟେ ଅନନ୍ତ ଅପାର
କି ସୁନ୍ଦର ଆହା ...

ସୂର୍ଯ୍ୟ ଚନ୍ଦ୍ର ତାରା ତୁମ୍ଭର ଆଜ୍ଞାରେ
ବରଷନ୍ତି ଜ୍ୟୋତି ରାଶି
ତୁମରି କୁସୁମ ପ୍ରତି ପ୍ରଭାତରେ
ହସଇ ଆନନ୍ଦେ ଭାସି
ଧନ୍ୟ ମହାପ୍ରଭୁ ମହିମା ତୁମ୍ଭର
ଅଟେ ଅନନ୍ତ ଅପାର ... ଅଟେ ଅନନ୍ତ ଅପାର

ଦିଅ ଭକ୍ତି ପ୍ରଭୁ ହୃଦୟେ ମୋହର
ବିରାଜ ନିତ୍ୟ ତହିଁରେ
ସତ୍ୟ ପଥେ ରହି ତୁମରି ଆଶ୍ରାରେ
ଯାଉ ମୋ ଦିନ ମହୀରେ
ଧନ୍ୟ ମହାପ୍ରଭୁ ମହିମା ତୁମ୍ଭର
ଅଟେ ଅନନ୍ତ ଅପାର ... ଅଟେ ଅନନ୍ତ ଅପାର
କି ସୁନ୍ଦର ଆହା ...

କିଏ ଆସେରେ

ଚଳଚ୍ଚିତ୍ର: ମଥୁରା ବିଜୟ (୧୯୭୯)
କଣ୍ଠଶିଳ୍ପୀ: ଭିକାରି ବଳ
ସଙ୍ଗୀତ ନିର୍ଦ୍ଦେଶକ: ବାଳକୃଷ୍ଣ ଦାଶ
ଗୀତିକାର: ବୈକୁଣ୍ଠ ନାଥ ମହାନ୍ତି

କିଏ ଆସେରେ,
ଧରା ନାଚେରେ ପୁଲକେ
ମନ ହସେରେ ପୁଲକେ
ଆଜି ନାଚି ନାଚି ଯାଏ ସେ ତ
ଅଧୀରେ ବିଭୋରେ
କିଏ ଆସେରେ ...

ହସି ଉଠେ ଫୁଲ ବନେ ଉପବନେ
ମଳୟ ବହୁଛି ଭୁବନେ ଭୁବନେ
ଆଲୋକେ ଭୂଲୋକେ ଗୋଲକେ ପୁଲକେ
ଅଧୀରେ ବିଭୋରେ
କିଏ ଆସେରେ ...

ଯମୁନାର ଜଳ ବହୁଛି ଉଜାଣି
ଉଲ୍ଲସିତ ପ୍ରାଣ କାହିଁକି କେଜାଣି
ସରସେ ହରଷେ ବରଷେ ପରଶେ
ଅଧୀରେ ବିଭୋରେ
କିଏ ଆସେରେ...

କୋଇଲି ଲୋ କୋଇଲି

ଚଳଚ୍ଚିତ୍ର: ନିନାଦ (୧୯୮୬)
କଣ୍ଠଶିଳ୍ପୀ: ସୁରେଶ ୱାଡେକର
ସଙ୍ଗୀତ ନିର୍ଦ୍ଦେଶକ: ବାସୁଦେବ ରଥ
ଗୀତିକାର: ନିଜାମ

କୋଇଲି ଲୋ କୋଇଲି .. କୋଇଲି ଲୋ କୋଇଲି
କୋଇଲି କେଶବ ମୋର ଗଲା ମଥୁରାକୁ
କାହା ବୋଲେ ଗଲା ଫେରିଲାନି ସେ କୋଳକୁ
କହ କି ବୁଦ୍ଧି କରିବି ନ ଆସେ ମନକୁ
କୋଇଲି ଲୋ କୋଇଲି ... କୋଇଲି ଲୋ କୋଇଲି

ସର ଲବଣି ଆଉ କେ ଖାଇବ ଚୋରାଇ
ଭଳି ଭଳି ନାଚିବ କେ ବଇଁଶୀ ବଜାଇ
ଅବୁଝା ମୋ ମନ ଖୋଜେ ତା ରୂପ ଠାଣିକୁ
ଗୋରଚନା ଚିତା ଦେବି କାହାର ଲଲାଟେ
ଅଳି କରି ଲୋଟୁଥିବ କିଏ ମୋ ପଣତେ
କୋଇଲି ଲୋ କୋଇଲି ... କୋଇଲି ଲୋ କୋଇଲି

ଅନ୍ଧର ଲଉଡ଼ି ମୋର ନୟନ ପିତୁଳା
କେମିତି ଭୁଲିବି କହ ତାର ଲୀଳା ଖେଳା
ବିଷ ଲାଗିଲାଣି ଆଜି ଏ ଗୋପପୁରକୁ
ଛାଇକୁ ଦେଖିଲେ ଡରେ ଲୁଚଇ କୋଳରେ
କିପରି ଥିବ ସେ ରହି ଅସୁର ମେଳରେ
କୋଇଲି ଲୋ କୋଇଲି ... କୋଇଲି ଲୋ କୋଇଲି

ଲଳିତା ଗୋ

ଚଳଚ୍ଚିତ୍ର: ଟିକେ ହସ ଟିକେ ଲୁହ (୧୯୮୧)
କଣ୍ଠଶିଳ୍ପୀ: ଭିକାରି ବଳ
ସଙ୍ଗୀତ ନିର୍ଦ୍ଦେଶକ: ପୂର୍ଣ୍ଣ ଖୁଣ୍ଟିଆ
ଗୀତିକାର: ରଜନୀକାନ୍ତ ନାୟକ

ଲଳିତା ଗୋ ଶ୍ୟାମକୁ କହିଦେ ଫେରିଯାଉ
ସେ କଳା ଶ୍ରୀମୁଖ ରାଇ ନ ଦେଖିବ ଆଉ
କହିଦେ କହିଦେ ସହି
ଶ୍ୟାମକୁ କହିଦେ ଫେରିଯାଉ
ଲଳିତା ଗୋ ଶ୍ୟାମକୁ କହିଦେ ଫେରିଯାଉ

ତା ପୀରତି ଜାଲେ ପଡି ହେଲି ପାଗଳିନୀ
ଗୋପରେ ନାଗରା ବାଜେ ରାଧା କଳଙ୍କିନୀ
ଯାହା ଅପଯଶ ହେଲା, ଯାହା ଅପବାଦ ହେଲା
ସେ କଳଙ୍କ ସେତିକିରେ ଥାଉ
ଲଳିତା ଗୋ ଶ୍ୟାମକୁ କହିଦେ ଫେରିଯାଉ

ଅପମାନ ଏତେ ଯଦି ଚୋରା ପୀରତିରେ
ଝାସିବି ଜୀବନ ସିନା ଯମୁନା ଜଳରେ
କଦମ୍ବ ମୂଳିଆ ଶ୍ୟାମ, ସେ ଶଠ ନାଗର ନାମ
ନ ଘେନିବି ଏଇ ମୁଖେ ଆଉ
ଲଳିତା ଗୋ ଶ୍ୟାମକୁ କହିଦେ ଫେରିଯାଉ

ମା ଗୋ କରୁଛି ଏତିକି ଗୁହାରି

ଚଳଚ୍ଚିତ୍ର: ମା ମୋତେ ଶକ୍ତି ଦେ (୧୯୯୦)
କଣ୍ଠଶିଳ୍ପୀ: ଚନ୍ଦ୍ରାଣି ମୁଖାର୍ଜୀ
ସଙ୍ଗୀତ ନିର୍ଦ୍ଦେଶକ: ମୁସିର
ଗୀତିକାର: ନିଜାମ

ମା ଗୋ କରୁଛି ଏତିକି ଗୁହାରି
ମୁଁ ଯେ ଭକତିର ଫୁଲ ଅଜାଡି
ହୃଦୟକୁ ମୋର କର ନିରିମଳ
ଉଷାର ଆଲୋକ ପରି
ମା ଗୋ କରୁଛି ଏତିକି ଗୁହାରି
ମୁଁ ଯେ ଭକତିର ଫୁଲ ଅଜାଡି

ଏଇଠି ମୋ ସୁଖ ଏଇଠି ମୋ ଶାନ୍ତି
ଏଇଠି ସକଳ ତୀର୍ଥ
ତୋହରି ସୁଦୟା ଉଣା ହେଲେ ମା ଗୋ
ଜୀବନଟା ହୁଏ ବ୍ୟର୍ଥ
ତୋହରି ଆଶିଷେ ଏହି ମୋର ଘର
ହେଉ ମା ସରଗ ପୁରୀ
ମା ଗୋ କରୁଛି ଏତିକି ଗୁହାରି
ମୁଁ ଯେ ଭକତିର ଫୁଲ ଅଜାଡି

ଲୋଭ ମୋହ ମାୟା
ପଲକର ଛାୟା
ଆଲୋକେ ଉଭେଇ ଯାଏ
ଭକତିର ଫୁଲ ରଖିଛି ସାଇତି
କରୁଣା ତୋହରି ପାଇଁ

ଇଚ୍ଛାମୟୀ ତୁ ମୋ ମନର ଇଚ୍ଛା
ଦେ ମା ପୁରଣ କରି
ମା ଗୋ କରୁଛି ଏତିକି ଗୁହାରି
ମୁଁ ଯେ ଭକତିର ଫୁଲ ଅଜାଡି

ତୋହରି କରୁଣା ଆଲୋକରେ ମା ଗୋ
ଆଲୋକିତ ହେଉ ଏ ଘର
ଜୀବନକୁ କର ସରସ ସୁନ୍ଦର
ଦେଇ ପରଶ ତୋହର
ତୁହି ଆମ ସାହା ତୁହି ମା ଭରସା
ଜଗତକୁ କରୁ ପାରି
ମା ଗୋ କରୁଛି ଏତିକି ଗୁହାରି
ମୁଁ ଯେ ଭକତିର ଫୁଲ ଅଜାଡି

ମା ଗୋ ମମତାମୟୀ ମାତା

ଚଳଚ୍ଚିତ୍ର: ବନ୍ଧୁ ମହାନ୍ତି (୧୯୭୭)
କଣ୍ଠଶିଳ୍ପୀ: ବାଣୀ ଜୟରାମ
ସଙ୍ଗୀତ ନିର୍ଦ୍ଦେଶକ: ପ୍ରଫୁଲ୍ଲ କର
ଗୀତିକାର: ପ୍ରଫୁଲ୍ଲ କର

ମା ଗୋ ମମତାମୟୀ ମାତା
ଦେବୀ ଭବାନୀ ଗିରିସୁତା
ତୁହି ମା ସୁଖଦା ତୁହି ମା ବରଦା
ଜୟ ଦଶଭୁଜା ମା ଗୋ ବିରଜା
ମା ଗୋ ମମତାମୟୀ ମାତା

ତୁହି ଗୋ ସ୍ନେହ ତୁହି ଗୋ ପ୍ରୀତି
ତୋ କୋଳେ ଥିଲେ ସକଳ ଶାନ୍ତି
ପରଶ ତୋର ଦିଏ ଗୋ ଶକ୍ତି
ତୋ ପଦେ ମିଳେ ସରଗ ମୁକ୍ତି
ଅପାର ତୋର କରୁଣା
କରି କେ ପାରେ କଳନା
ତୁହି ମା ସୁଖଦା ତୁହି ମା ବରଦା
ଜୟ ଦଶଭୁଜା ମା ଗୋ ବିରଜା

ଆଦେଶେ ତୋର କୁସୁମେ ଗନ୍ଧ
ବହଇ ଧୀରେ ମଳୟ ମନ୍ଦ
ପାଳନ୍ତି ଆଜ୍ଞା ବରୁଣ ଇନ୍ଦ୍ର
ଆକାଶେ ଉଏଁ ସୂରୁଜ ଚନ୍ଦ୍ର
ଅପାର ତୋର ମହିମା
କରି କେ ପାରେ କଳନା

ତୁହି ମା ସୁଖଦା ତୁହି ମା ବରଦା
ଜୟ ଦଶଭୁଜା ମା ଗୋ ବିରଜା

ମା ଗୋ ମମତାମୟୀ ମାତା
ଦେବୀ ଭବାନୀ ଗିରିସୁତା
ତୁହି ମା ସୁଖଦା ତୁହି ମା ବରଦା
ଜୟ ଦଶଭୁଜା ମା ଗୋ ବିରଜା

ମା ଲୋ ମହିମାମୟୀ

ଚଳଚ୍ଚିତ୍ର: ପରିବାର (୧୯୭୮)
କଣ୍ଠଶିଳ୍ପୀ: ଏଚ ପି ଗୀତା
ସଙ୍ଗୀତ ନିର୍ଦ୍ଦେଶକ: ଉପେନ୍ଦ୍ର କୁମାର
ଗୀତିକାର: ବୃନ୍ଦାବନ ଜେନା

ମା ଲୋ ମହିମାମୟୀ ଆଶିଷ ଦାୟିନୀ
ଭୁବନ ମୋହିନୀ ତୁ ଜଗତ ତାରିଣୀ
ଦୂର କରୁ ସବୁ ଦୁଃଖ ଦୁଖୀ ମନ ଜାଣି
ମା ବୋଲି ସିନା ଆଜି କରୁଛି ଦୟିନୀ
ମା ଲୋ ମହିମାମୟୀ ଆଶିଷ ଦାୟିନୀ

କଟକେ କଟକଚଣ୍ଡୀ ବାଙ୍କୀରେ ଚର୍ଚ୍ଚିକା
ଯାଜପୁରେ ବିରଜା ମା ଜନନୀ ଅମ୍ବିକା
ସମ୍ବଲପୁରରେ ତୋର ନାମ ସମଲେଇ
ଝଙ୍କଡେ ସାରଳା ନାମ ଥାଉ ତୁହି ବହି
ମା ଲୋ ମହିମାମୟୀ ଆଶିଷ ଦାୟିନୀ

ନାନା ସ୍ଥାନେ ନାନା ରୂପ ଧରି କରୁ ଲୀଳା
ଦୁନିଆରେ କେ ବୁଝିବ ତୋର ମାୟା ଖେଳା
ସନ୍ତାନର ମନ ଜାଣି ଦେଇଥାଉ ବର
ଜୁହାରେ ତୋ ପାଦ ତଳେ ପୁଣି ବାର ବାର
ମା ଲୋ ମହିମାମୟୀ ଆଶିଷ ଦାୟିନୀ

ମା ତୁମେ ଜଗତର ସାହା ଭରସା

ଚଳଚ୍ଚିତ୍ର: ଆରତୀ (୧୯୮୧)। କଣ୍ଠଶିଳ୍ପୀ: ପ୍ରଣବ ପଟ୍ଟନାୟକ
ସଙ୍ଗୀତ ନିର୍ଦ୍ଦେଶକ: ବାସୁଦେବ ରଥ। ଗୀତିକାର: ସୁରେନ୍ଦ୍ର ବିଦ୍ୟାଧର

ମା ତୁମେ ଜଗତର ସାହା ଭରସା
କହି କି ପାରିବ ସତେ
କାହାକୁ କନ୍ଦାଇ କାହିଁ କାହାକୁ ହସାଅ
ମା ତୁମେ ଜଗତର ସାହା ଭରସା

ସଂସାରରେ ସବୁ ପରା ଅଟେ ତୁମ ଲୀଳା
କୂଳ ପାଏ ନାହିଁ ମାଆ ମୋ ମନର ଭେଳା
ଏତେ ବଡ଼ ଦୁନିଆରେ କିଏ ବା କାହାର
କିଏ ବା ନିଜର ମୋର କାହାକୁ ମଣିବି ପର
ଏ ଯେ ଧୂଳି ଘର
ମା ତୁମେ ଜଗତର ସାହା ଭରସା

ଯିଏ ଯାହା ଖୋଜିଥାଏ ପାଏ ନାହିଁ ତାହା
ଭାଗ୍ୟର ଲିଖନୀ ତୁମେ ଧରିଅଛ ମାଆ
ସୁଖ ଦୁଃଖ ତୁମ ଦାନ ତୁମରି କରୁଣା
ଉଡଇ ଦେଉଳେ ବାନା
ତୁମରି ଅନ୍ତର ସିନା ଅଦେଖା ଅଜଣା
ମା ତୁମେ ଜଗତର ସାହା ଭରସା

ସବୁ ଦେଖୁଅଛ ତୁମେ ପାଖେ ପାଖେ ରହି
ଏ ମଣିଷ ପାପ ପୁଣ୍ୟ ଯାହା କରୁଥାଇ
କରି କରାଉଛ ସବୁ, ସବୁ ତ ତୁମର
କ୍ଷମାର ସାଗର ତୁମେ, ତୁମେ ଜନନୀ ଆମର
ଆହା କି ସୁନ୍ଦର
ମା ତୁମେ ଜଗତର ସାହା ଭରସା

ମା ତୁମେ ମମତାର ସୀମାହୀନ ସାଗର

ଚଳଚ୍ଚିତ୍ର: ଉଲକା (୧୯୮୧)
କଣ୍ଠଶିଳ୍ପୀ: ସୁରେଶ ୱାଡେକର
ସଙ୍ଗୀତ ନିର୍ଦ୍ଦେଶକ: ରାଜୁ ମିଶ୍ର ଓ ବିଭୂ ମହାନ୍ତି
ଗୀତିକାର: ସଚି ମହାନ୍ତି

ମା ତୁମେ ମମତାର ସୀମାହୀନ ସାଗର
ମା ତୁମେ ଆମ ପାଇଁ ଦେବତାର ମନ୍ଦିର

ତୁମ ସେ ମମତା ବତୀ ଆମ ପାଇଁ ଆଲୋକ
ଲିଭାଇଛି ଅମା ରାତି ମନେ ଭରି ପୁଲକ
ତୁମେ ଯେ ସେନେହମୟୀ ସେନେହର ଝର
ତୁମେ ଯେ ସେନେହମୟୀ ସେନେହର ଝର

ମା ତୁମେ ମମତାର ସୀମାହୀନ ସାଗର
ମା ତୁମେ ଆମ ପାଇଁ ଦେବତାର ମନ୍ଦିର

ଏ ଆଖି ଦେଖିଚି ଯାହା ତୁମ ପ୍ରୀତି ଶରଧା
ଆମ ଦୁଃଖେ ଦୁଃଖୀ ହୋଇ କର ସୁଖ ସଉଦା
ଆମ ମୁଖେ ହସ ତୁମ ମନେ ଖୁସି ଆସର
ତୁମରି ଆଶିଷେ ମା ଗୋ ହସୁ ଆମ ସଂସାର

ମା ତୁମେ ମମତାର ସୀମାହୀନ ସାଗର
ମା ତୁମେ ଆମ ପାଇଁ ଦେବତାର ମନ୍ଦିର

ମହାବାହୁ ଅଖିଳ ଜଗତ ନାଥ

ଚଳଚ୍ଚିତ୍ର: ବନ୍ଧୁ ମହାନ୍ତି (୧୯୭୭)
କଣ୍ଠଶିଳ୍ପୀ: ପ୍ରଫୁଲ୍ଲ କର । ସଙ୍ଗୀତ ନିର୍ଦ୍ଦେଶକ: ପ୍ରଫୁଲ୍ଲ କର
ଗୀତିକାର: ଗୌରହରି

ମହାବାହୁ ଅଖିଳ ଜଗତ ନାଥ
ଅଖିଳ ଜଗତ ନାଥ
ତୁମ୍ଭେ ଥାଉଁ ଥାଉଁ କାହା ପାଦ ତଳେ
ଲୋଟାଇବି ମୋର ମାଥ ମହାବାହୁ
ଲୋଟାଇବି ମୋର ମାଥ ... ମହାବାହୁ ...

ଲାଜ ମାଡ଼େ ଏଥି ପାଇଁ ମହାବାହୁ
ଲାଜ ମାଡ଼େ ଏଥି ପାଇଁ
ଇତର ମାନଙ୍କୁ ହାତ ମଳିବିକି
ତୁମ୍ଭଙ୍କୁ ଛାଡି ଗୋସାଇଁ ମହାବାହୁ
ତୁମ୍ଭଙ୍କୁ ଛାଡି ଗୋସାଇଁ ... ମହାବାହୁ ...

ଭଲେ ଅବଧାନ କର ମହାବାହୁ
ଭଲେ ଅବଧାନ କର
ତୁମ୍ଭ ବାହାରେ କେ ବଡ ଜଣେ ଅଛି
ତା ଆଗେ ଯୋଡିବି କର ମହାବାହୁ
ତା ଆଗେ ଯୋଡିବି କର ... ମହାବାହୁ ...

ତୁମ୍ଭେ ତ ବିଚିତ୍ର କର୍ମା ମହାବାହୁ
ତୁମ୍ଭେ ତ ବିଚିତ୍ର କର୍ମା
ଆଉ ମୁଁ ସଂସାରେ କାହାକୁ କିମ୍ପାଇ
ବୋଲିବି ବାବୁ ମଣିମା ମହାବାହୁ
ବୋଲିବି ବାବୁ ମଣିମା ... ମହାବାହୁ ...

ମଲ୍ଲୀମାଳ ଶ୍ୟାମକୁ ଦେବି

ଚଳଚ୍ଚିତ୍ର: କବି ସମ୍ରାଟ ଉପେନ୍ଦ୍ର ଭଞ୍ଜ (୧୯୭୮)
କଣ୍ଠଶିଳ୍ପୀ: ଏଚ. ପି. ଗୀତା, ଜଗନ୍ନାଥ ପାଣିଗ୍ରାହୀ
ସଙ୍ଗୀତ ନିର୍ଦ୍ଦେଶକ: ଉପେନ୍ଦ୍ର କୁମାର
ଗୀତିକାର: କବି ସମ୍ରାଟ ଉପେନ୍ଦ୍ର ଭଞ୍ଜ

ମଲ୍ଲୀମାଳ ଶ୍ୟାମକୁ ଦେବି, ମନ ତୋଷିବି
ଗ୍ରୀଷମ ହୋଇଲେ ବାସ ଚନ୍ଦନ ମୁଁ ଲେପିବି
ମଲ୍ଲୀମାଳ ଶ୍ୟାମକୁ ଦେବି

ତା ଅଙ୍ଗରୁ ସ୍ୱେଦ ବାରି ଯଦି ପଡୁଥିବ ଝରି
ମୋ ଦୃଷ୍ଟି ପଡନ୍ତେ କାନି ପଣନ୍ତରେ ପୋଛିବି
ମଲ୍ଲୀମାଳ ଶ୍ୟାମକୁ ଦେବି ...

ସେ ଯେବେ କରିବେ ମାନ ଭାଙ୍ଗି ଭୁଞ୍ଜାଇବି ପାନ
ଗଣ୍ଡେ ଦେଇଣ ଚୁମ୍ବନ ହରଷ କରାଇବି
ମଲ୍ଲୀମାଳ ଶ୍ୟାମକୁ ଦେବି ...

ତାଙ୍କୁ କରି ଗଳାହାର ସେବିବି ତାଙ୍କ ପୟର
ସେ ଯେବେ ହୋଇବେ ବର, ହର ପୂଜା କରିବି
ମଲ୍ଲୀମାଳ ଶ୍ୟାମକୁ ଦେବି ...

ଉପଇନ୍ଦ୍ର ଭଞ୍ଜ କହି ରମଣୀରତନ ସହି
ତାହାଙ୍କ ଚରଣେ ଧ୍ୟାୟି ଶରଣାଗତ ହେବି
ମଲ୍ଲୀମାଳ ଶ୍ୟାମକୁ ଦେବି ...

ମଙ୍ଗଳେ ଅଇଲା ଉଷା

ଚଳଚ୍ଚିତ୍ର: କନକଲତା (୧୯୭୪)
କଣ୍ଠଶିଳ୍ପୀ: ସିକନ୍ଦର ଆଲାମ, ଇନ୍ଦିରା ନନ୍ଦ
ସଙ୍ଗୀତ ନିର୍ଦ୍ଦେଶକ: ଶ୍ରୀ କୁମାର, ବାଳକୃଷ୍ଣ ଦାଶ
ଗୀତିକାର: ସ୍ୱଭାବ କବି ଗଙ୍ଗାଧର ମେହେର

ମଙ୍ଗଳେ ଅଇଲା ଉଷା ବିକଚ ରାଜୀବ ଦୃଶା
ଜାନକୀ ଦର୍ଶନ ତୃଷା ହୃଦୟେ ବହି
କର ପଲ୍ଲବେ ନୀହାର ମୁକ୍ତା ଧରି ଉପହାର
ସତୀଙ୍କ ବାସ ବାହାର ପ୍ରାଙ୍ଗଣେ ରହି
କଳକଣ୍ଠ କଣ୍ଠେ କହିଲା
ଦରଶନ ଦିଅ ସତୀ ରାତି ପାହିଲା

ଅରୁଣ କଷାୟ ବାସ, କୁସୁମକାନ୍ତି ବିକାଶ
ପ୍ରଶାନ୍ତ ରୂପ, ବିଶ୍ୱାସ ଦିଅନ୍ତି ମନେ
କେଉଁ ଯୋଗେଶ୍ୱରୀ ଆସି ମଧୁର ଭାଷେ ଆଶ୍ୱାସି
ଡାକୁଛନ୍ତି ଦୁଃଖରାଶି ଉପଶମନେ
ଦେବାପାଇଁ ନବଜୀବନ
ସ୍ୱର୍ଗୁ କି ଓହ୍ଲାଇଛନ୍ତି ମର୍ତ୍ତ୍ୟ ଭୁବନ

ସମୀର ସଙ୍ଗୀତ ଗାଏ ଭ୍ରମର ବୀଣା ବଜାଏ
ସୁରଭି ନର୍ତ୍ତନେ ଥାଏ ଉଷା ନିର୍ଦ୍ଦେଶେ
କୁମ୍ଭାଟୁଆ ହୋଇ ଭାଟ ଆରମ୍ଭିଲା ସ୍ତବ ପାଠ
କଳିଙ୍ଗ ଅଇଲା ପାଟ ମାଗଧ ବେଶେ
ଲଳିତ ମଧୁରେ କହିଲା
ଉଠ ସତୀ ରାଜରାଣୀ ରାତି ପାହିଲା

ମୁନି ମୁଖ ବେଦସ୍ୱନ ପୂର୍ଣ୍ଣ କଲା ଶ୍ୟାମବନ
ଉଠିଲା ଭେଦି ଗଗନ ଉଚ୍ଚ ଓଁକାର
ବୈକୁଣ୍ଠେ ଦେଇ ତୃପତି ଅନନ୍ତ ଶୃତିକି ଗତି
ବହିଲା କି ସରସ୍ୱତୀ ବୀଣା ଝଙ୍କାର
ବେଲୁଁ ବେଳ ବନ ଉଜ୍ଜ୍ୱଳ
ମନ୍ତ୍ର ବଳେ ଯେହ୍ନେ ବଢ଼ି ଆସିଲା ବଳ

ଏ କାଳେ ବ୍ରହ୍ମଚାରିଣୀ ଅନୁକମ୍ପା ତପସ୍ୱିନୀ
ଆସି ଜନକ ନନ୍ଦିନୀ ପାଶେ ଗମ୍ଭୀରେ
ବୋଇଲେ ଉଠ ବୈଦେହୀ, ଉଷା ସୁକୁମାର ଦେହୀ
ଆସିଛି, ଦର୍ଶନ ଦେଇ ତୋଷ ବିଧିରେ
ତମସା ରହିଛି ଅନାଇ
କୋଳ କରି ଥରେ ସୁଖ ଲଭିବା ପାଇଁ

ପଦ୍ମିନୀ ହୃଦ ଶିଶିର- ବିନ୍ଦୁରେ ଖର-ରଶ୍ମିର
ପ୍ରତିବିମ୍ବ ପରି, ବୀର ରାମ ମୂରତି
ଶୋକ ଜର୍ଜରିତ ଚିତ୍ତ- ଫଳକେ କରି ଚିତ୍ରିତ
ହେଲେ ଆସନୁ ଉତ୍ଥିତ ଜାନକୀ ସତୀ
ନମି ଅନୁକମ୍ପା ପୟରେ
ବନ୍ଦିଲେ ଉଷାର ପଦ ସବିନୟରେ

ବୋଇଲେ ତାକୁ ପ୍ରଶଂସି ତୁମେ ତିମିର ବିଧ୍ୱଂସି
ରବି-ଆଗମନ-ଶଂସୀ ହୁଅ ସଂସାରେ
ତୁମ୍ଭ କୋମଳ ଚରଣ କରେ ଜ୍ୟୋତି ଆହରଣ
ତହିଁ ଯାଉଛି ଶରଣ ଦୃଢ଼ ଆଶାରେ
ଶୁଭ୍ର ସଉରଭ ରସିକେ
ଶୁଭ ସମ୍ପାଦିନୀ ହୁଅ ରଘୁବଂଶୀକେ

ଉତ୍ସୁକ ହୃଦୟେ ରାତ୍ରି- ଶେଷରେ ଆଶ୍ରମ ଧାତ୍ରୀ
ତମସା ନିର୍ମଳ ଗାତ୍ରୀ ପବିତ୍ର ଧାରା
ପ୍ରାଙ୍ଗଣେ କୁସୁମ ବିଞ୍ଚି ସୁବାସିତ ନୀର ସିଞ୍ଚି
ମଙ୍ଗଳ ପ୍ରଦୀପ ରଚି ପ୍ରଭାତୀ ତାରା
ମୁହୁର୍ମୁହୁ ମୀନ ନୟନେ
ଚାହୁଁଥିଲା ସୀତା ସତୀ ଶୁଭାଗମନେ

ଉଟଜୁ ତାପସକନ୍ୟା- ଗଣଙ୍କ ଆଦର ବନ୍ୟା
ପ୍ଲାବନେ ଜଗତ ଧନ୍ୟା ସତୀ ରତନ
ବାହାରି ଅବଗାହନେ ଅନୁକମ୍ପାଙ୍କ ଗହଣେ
ତମସା ଧାର ବହନେ କଲେ ଗମନ
ସତୀଙ୍କି ତମସା ଅଙ୍କରେ
ଘେନି ସ୍ନେହେ ଆଲିଙ୍ଗିଲା ତରଙ୍ଗ-କରେ

ଅମୃତ ମଧୁର ସ୍ୱରେ ଭାଷିଲା ପରିତୋଷରେ
ମାଆଗୋ ମୋ ମାନସରେ ନ ଥିଲା ଆଶା
କରିବ ଅଙ୍କେ ବିହାର ରାଜଲକ୍ଷ୍ମୀ ହୃଦହାର
ସୀତା କରି ପରିହାର ଭୋଗ ପିପାସା
ଭାଗ୍ୟବତୀ ମୋତେ ସଂସାରେ
ବୋଲିବେ ତୋ ଯୋଗୁଁ ଏକା ପରଶଂସାରେ

ଚଳଚିତ୍ରରେ ଭକ୍ତିଗୀତଟିର ଆଂଶିକ ପରିବେଷଣ ହୋଇଥିବା ସତ୍ତ୍ୱେ ଏହା ଏକ ବହୁଜନବିଦିତ ପାରମ୍ପରିକ ଗୀତ ହୋଇଥିବାରୁ ସମ୍ପୂର୍ଣ୍ଣ ରଚନାଟି ଏଠାରେ ପ୍ରକାଶିତ କରାଗଲା

ମୋହନ ହେ ମୋହନ

ଚଳଚ୍ଚିତ୍ର: ଧରିତ୍ରୀ (୧୯୭୩)
କଣ୍ଠଶିଳ୍ପୀ: ନିର୍ମଳା ମିଶ୍ର
ସଙ୍ଗୀତ ନିର୍ଦ୍ଦେଶକ: ଉପେନ୍ଦ୍ର କୁମାର
ଗୀତିକାର: ନାରାୟଣ ପ୍ରସାଦ ସିଂହ

ମୋହନ ହେ ମୋହନ
ମନେ ପଡେ ସେଦିନ
ଆକାଶର ସାତ ରଙ୍ଗ ଭରିଥିଲ ହସରେ
ସାଗରର ନୀର ଆଜି ଝରିଯାଏ ଲୁହରେ

ଅଭିସାରେ ବିତେ ମୋ ରାତି
ଯାଏ ବିତିଯାଏ ଦିବସ
ସପନରେ ଆସ ଗୋ ନିତି
ଆସ କରନାହିଁ ନିରାଶ
ସତ ହୋଇ ଯାଅ ହଜି
ରହିଯାଅ ଆଶାରେ

ପିଆସୀ ମୋ ନୟନ ଦୁଇ
ରହେ ଚାହିଁରହେ କାହାରେ
ବଧୂ ସାଜେ ନିଶିଥେ ନିତି
ସାଜେ ନିରିଜନ ବେଳାରେ
ତମ ବେଣୁ ମୁରୁଛନା
ଶୁଣିବିନି କି ଥରେ

ମୋହନ ହେ ମୋହନ
ମନେ ପଡେ ସେଦିନ

ମୋର ଅନ୍ତର ମନ୍ଦିରେ ରହି

ଚଳଚ୍ଚିତ୍ର: ମଲାଜହ୍ନ (୧୯୬୫)
କଣ୍ଠଶିଳ୍ପୀ: ପ୍ରଣବ ପଟ୍ଟନାୟକ
ସଙ୍ଗୀତ ନିର୍ଦ୍ଦେଶକ: ଅକ୍ଷୟ ମହାନ୍ତି
ଗୀତିକାର: ବୈକୁଣ୍ଠନାଥ ବ୍ରହ୍ମଚାରୀ

ମୋର ଅନ୍ତର ମନ୍ଦିରେ ରହି
କୁହୁକରେ ଦେଉଛ ଭୁଲାଇ
ରହି ନିକଟରେ ଖୋଜାଉଛ ଦୂରେ
ଜୀବ ମରେ ଧାଇଁ ଧାଇଁ
ଅନ୍ତର ମନ୍ଦିରେ ରହି

ଦିଶି ଦିଶି ଯାଉଛ ତ ଲୁଚି
କିବା କେଉଁ ଭାବ ମନେ ପାଞ୍ଚି
ଭକତିର ମାଳା ଗୁନ୍ଥି ରଖିଅଛି
ନେବ କି ନ ନେବ ଦିଅ କହି
ଅନ୍ତର ମନ୍ଦିରେ ରହି

ତୁମେ ଭକତି ପାଶେ ବନ୍ଧା
ସେଥିପାଇଁ କର ଏତେ ଧନ୍ଦା
ଅନ୍ଧାରେ ଏତେ କନ୍ଦାଅନା ମୋତେ
ପାଶେ ନିଅ ଆଲୋକ ଦେଇ
ଅନ୍ତର ମନ୍ଦିରେ ରହି

ମୁକୁନ୍ଦ ମୁରାରି

ଚଳଚ୍ଚିତ୍ର: ମୁକ୍ତି (୧୯୭୭)
କଣ୍ଠଶିଳ୍ପୀ: ବାଣୀ ଜୟରାମ
ସଙ୍ଗୀତ ନିର୍ଦ୍ଦେଶକ: ପ୍ରଫୁଲ୍ଲ କର
ଗୀତିକାର: ଶିବବ୍ରତ ଦାସ

ମୁକୁନ୍ଦ ମୁରାରି .. ହେ ଚକ୍ରଧାରୀ
ଶରଣ ଦିଅ ପୟରେ
ଜୟ ଜୟ ନାଥ ହରେ, ହରେ
ଜୟ ଜୟ ନାଥ ହରେ ... ମୁକୁନ୍ଦ ମୁରାରି

ଅନ୍ତରତମ ପ୍ରାଣର ପ୍ରତିମ
ଅନାଥ ଜୀବନବନ୍ଧୁ ହେ
ଅଗତିର ଗତି କ୍ଷମାର ମୂରତି
କରୁଣା ପିୟୁଷ ସିନ୍ଧୁ ହେ
ଜଗନ୍ନାଥ ସ୍ୱାମୀ
ହେ ନୟନ ପଥ ଗାମୀ
ଜୟ ଜୟ ନାଥ ହରେ, ହରେ
ଜୟ ଜୟ ନାଥ ହରେ ... ମୁକୁନ୍ଦ ମୁରାରି

ଅନ୍ଧାର ଅମା ଆକାଶେ ମଣିମା
ତୁମେ ତ ପୂର୍ଣ୍ଣିମା ବିନ୍ଦୁ ହେ
ଭକତ ଜନର ମନର ସାଗରେ
ତୁମେ ତ ମୁକୁତା ବିନ୍ଦୁ ହେ
ଜଗନ୍ନାଥ ସ୍ୱାମୀ
ହେ ନୟନ ପଥ ଗାମୀ
ଜୟ ଜୟ ନାଥ ହରେ, ହରେ
ଜୟ ଜୟ ନାଥ ହରେ ... ମୁକୁନ୍ଦ ମୁରାରି

ନ ଯା ରାଧିକା

ଚଳଚ୍ଚିତ୍ର: ସିନ୍ଦୁର ବିନ୍ଦୁ (୧୯୭୬)
କଣ୍ଠଶିଳ୍ପୀ: ରଘୁନାଥ ପାଣିଗ୍ରାହୀ
ସଙ୍ଗୀତ ନିର୍ଦ୍ଦେଶକ: ପ୍ରଫୁଲ୍ଲ କର
ଗୀତିକାର: ଶିବବ୍ରତ ଦାସ

ନ ଯା ରାଧିକା ଏକା ଏକା
ନ ଯା ରାଧିକା ଏକା ଏକା
ମାନ ଗୋ ମନା ନ ଯା ଯମୁନା
ଜଗିଛି କାହ୍ନା
ନ ଯା ରାଧିକା ...

ନନ୍ଦ ସୁତ ବଡ଼ ଅଝଟ
ବସିଛି ଜଗି ଯମୁନା ଘାଟ
ଦେଖିଲେ ଏକା କରିବ ହଟ
ନ ଯା ଗୋ ବ୍ରଜ ରସିକା
ନ ଯା ରାଧିକା ...

ସହଜେ ତୁ ଗୋ କୋମଳ ମତି
ନ ବୁଝି କାହ୍ନୁ କପଟ ରୀତି
ଦଗାଦିଆକୁ ଦେଇ ତୋ ପ୍ରୀତି
ଘେନିବୁ କଳଙ୍କ ଟିକା
ନ ଯା ରାଧିକା ...

ନମସ୍ତେ ପ୍ରଭୁ ଜଗନ୍ନାଥ

ଚଳଚ୍ଚିତ୍ର: ବନ୍ଧୁ ମହାନ୍ତି (୧୯୭୭)
କଣ୍ଠଶିଳ୍ପୀ: ପ୍ରଫୁଲ୍ଲ କର
ସଙ୍ଗୀତ ନିର୍ଦ୍ଦେଶକ: ପ୍ରଫୁଲ୍ଲ କର
ଗୀତିକାର: ଅତିବଡୀ ଜଗନ୍ନାଥ ଦାସ

ନମସ୍ତେ ପ୍ରଭୁ ଜଗନ୍ନାଥ
ଅନାଥ ଲୋକଙ୍କର ନାଥ
ନମସ୍ତେ ପ୍ରଭୁ ବାସୁଦେବ
ଭକତ ଜନଙ୍କ ବାନ୍ଧବ
ନମସ୍ତେ ପ୍ରଭୁ ଜଗନ୍ନାଥ

ତୁ ବ୍ରହ୍ମା ରୁଦ୍ର ବିଷ୍ଣୁ ତୁହି
ତୋ ବିନୁ ଅନ୍ୟ ଗତି ନାହିଁ
ତୁହିଟି ଅଗ୍ନି ଦେବ ଇନ୍ଦ୍ର
ନୟନୁ ଜାତ ସୂର୍ଯ୍ୟ ଚନ୍ଦ୍ର
ନମସ୍ତେ ପ୍ରଭୁ ବାସୁଦେବ
ଭକତ ଜନଙ୍କ ବାନ୍ଧବ
ନମସ୍ତେ ପ୍ରଭୁ ଜଗନ୍ନାଥ

ଭୁଜରୁ ଅନନ୍ତ ମୂରତି
କଣ୍ଠରୁ ଜାତ ସରସ୍ୱତୀ
ସଦା ଚଞ୍ଚଳ ନିଦ୍ରା ନାହିଁ
ସେ ରୂପେ ଶୂନ୍ୟେ ଅଛୁ ରହି
ନମସ୍ତେ ପ୍ରଭୁ ବାସୁଦେବ
ଭକତ ଜନଙ୍କ ବାନ୍ଧବ
ନମସ୍ତେ ପ୍ରଭୁ ଜଗନ୍ନାଥ

ଅଶେଷ ତୋହର ମହିମା
କେ ଜାଣିପାରେ ଗୁଣସୀମା
ଦୁଷ୍ଟ ନିବାରି ସନ୍ଥ ପାଳୁ
ତୁ ନାଥ ପରମ ଦୟାଳୁ
ନମସ୍ତେ ପ୍ରଭୁ ବାସୁଦେବ
ଭକତ ଜନଙ୍କ ବାନ୍ଧବ
ନମସ୍ତେ ପ୍ରଭୁ ଜଗନ୍ନାଥ

ନୀଳମାଧବ ହେ

ଚଳଚ୍ଚିତ୍ର: ନୀଳମାଧବ (୧୯୭୯)
କଣ୍ଠଶିଳ୍ପୀ: ଭିକାରି ବଳ
ସଙ୍ଗୀତ ନିର୍ଦ୍ଦେଶକ: ନିର୍ମଳ କୁମାର
ଗୀତିକାର: ପୂର୍ଣ୍ଣଚନ୍ଦ୍ର ମଲ୍ଲିକ

ନୀଳମାଧବ ହେ
ଘେନ ବାରେ ମୋ ମିନତି
ଚରଣ ତଳେ ମୁଁ ଶରଣ ପଶୁଛି
କରୁଣା କର ଶ୍ରୀପତି
ଘେନ ବାରେ ମୋ ମିନତି
ନୀଳମାଧବ ହେ ...

ତୁମେ ତ ଗଢ଼ିଛ ଏ ନୀଳ ଆକାଶ
ଗଢ଼ିଛ ଏ ବନ ଗିରି
ଦେଇଛ ଫୁଲରେ ଜାତି ଜାତି ରଙ୍ଗ
ଦେଇଛ ସୁବାସ ଭରି
ତୁମରି ଆଦେଶେ ଆତ ଜାତ ଜୀବ
ତୁମ ବିନା କାହିଁ ଗତି
ଘେନ ବାରେ ମୋ ମିନତି
ନୀଳମାଧବ ହେ ...

ମହାପ୍ରଭୁ ତୁମେ ଦୟାର ସାଗର
ତୁମରି କରୁଣା ବଳେ
ମହାମୂର୍ଖ ସିନା ବୋଲାଏ ପଣ୍ଡିତ
ପଥର ଭାସଇ ଜଳେ
ଶ୍ରୀଚରଣେ ହରି ଏତିକି ଗୁହାରୀ
ରହୁ ପଦେ ସଦା ମତି
ଘେନ ବାରେ ମୋ ମିନତି
ନୀଳମାଧବ ହେ ...

ନୀଳାଦ୍ରି ବିହାରୀ ହରି

ଚଳଚ୍ଚିତ୍ର: ସୂର୍ଯ୍ୟମୁଖୀ (୧୯୬୩)
କଣ୍ଠଶିଳ୍ପୀ: ପ୍ରଣବ ପଟ୍ଟନାୟକ
ସଙ୍ଗୀତ ନିର୍ଦ୍ଦେଶକ: ଶାନ୍ତନୁ ମହାପାତ୍ର
ଗୀତିକାର: ଗୁରୁକୃଷ୍ଣ ଗୋସ୍ୱାମୀ

ନୀଳାଦ୍ରି ବିହାରୀ ହରି
ଦୀନବନ୍ଧୁ ଦଇତାରୀ
ଦୀନ ଜନେ ନାଥ ଦୟା କର
ତୁମରି ଛାମୁରେ ଆଜି
କରୁଛି ମୁଁ ଅରଜି
ଦୟା କର ପ୍ରଭୁ ଦୟା କର

ଇନ୍ଦ୍ର ଆସନ ମାଗୁନାହିଁ
ଇନ୍ଦ୍ର ଭୁବନ ମାଗୁନାହିଁ
ଖୋଜୁନାହିଁ ନାଥ ମରତର ଧନ
ଚାହୁଁନାହିଁ ପ୍ରଭୁ ମରତରେ ମାନ
ଚରଣେ ତୁମରି କରୁଛି ଗୁହାରି
ଦୀନ ଜନେ ପ୍ରଭୁ ଦୟା କର
ଦୟା କର

ଚକ୍ରଧାରୀ ହେ କହୁନାହିଁ
ଚକ୍ର ଉହାଡ଼େ ରଖ ନେଇ
କରୁନାହିଁ ଅଳି ଦିଅ ବୋଲି ସୁଖ
କହୁନାହିଁ ପ୍ରଭୁ ନ ଦିଅ ହେ ଦୁଃଖ
କହୁଛି ଏତିକି ମାଗୁଛି ଏତିକି
ଦୀନ ଜନେ ପ୍ରଭୁ ଦୟା କର
ଦୟା କର
ଦୟା କର ପ୍ରଭୁ ଦୟା କର

ନିର୍ଗୁଣ ଆତ୍ମା ଗୁଣବନ୍ତ

ଚଳଚ୍ଚିତ୍ର: ବନ୍ଧୁ ମହାନ୍ତି (୧୯୭୭)
କଣ୍ଠଶିଳ୍ପୀ: ପ୍ରଫୁଲ୍ଲ କର
ସଙ୍ଗୀତ ନିର୍ଦ୍ଦେଶକ: ପ୍ରଫୁଲ୍ଲ କର
ଗୀତିକାର: ଜଗନ୍ନାଥ ଦାସ

ନିର୍ଗୁଣ ଆତ୍ମା ଗୁଣବନ୍ତ
ତୋର ମହିମା
ଗୋପୀନାଥ ତୋର ମହିମା
ନିର୍ଗୁଣ ଆତ୍ମା ଗୁଣବନ୍ତ ...

ବ୍ରହ୍ମାଣ୍ଡେ ଦେହବନ୍ତ ହୋଇ
ତୋ ଗୁଣ କେ ପାରିବ କହି
ଭୂମିରେ ଯେତେ ରେଣୁ ଛନ୍ତି
ଆକାଶେ ଯେତେ ତାରା ପନ୍ତି
ତୋର ମହିମା
ଗୋପୀନାଥ ତୋର ମହିମା

ବରଷା ଧାରା ପଡେ ଯେତେ
କେ ଜାଣିପାରେ ଏ ଜଗତେ
ଏ ତିନି ଗଣନେ ସମର୍ଥ
କେହି ବା ଥିବେ ଏ ଜଗତ
ତୋର ମହିମା
ଗୋପୀନାଥ ତୋର ମହିମା

ତୋର ମହିମାଗଣ ଗଣି
ସଂସାରେ ଅଛି କେଉଁ ପ୍ରାଣୀ
ଯାହାକୁ ହେଉ ତୁ ସଦୟେ
ସେ ନ ପଡଇ ମାୟା ମୋହେ
ତୋର ମହିମା
ଗୋପୀନାଥ ତୋର ମହିମା

ନିର୍ଗୁଣ ଆତ୍ମା ଗୁଣବନ୍ତ
ତୋର ମହିମା

ପ୍ରଭୁ ପଦ ତଳେ ପ୍ରଣତି ଢାଳେ

ଚଳଚ୍ଚିତ୍ର: ଘର ସଂସାର (୧୯୭୩)
କଣ୍ଠଶିଳ୍ପୀ: ଭିକାରି ବଳ, ନିର୍ମଳା ମିଶ୍ର
ସଙ୍ଗୀତ ନିର୍ଦ୍ଦେଶକ: ରାଖାଲ ମହାନ୍ତି
ଗୀତିକାର: ନାରାୟଣ ପ୍ରସାଦ ସିଂହ

ପ୍ରଭୁ ପଦ ତଳେ ପ୍ରଣତି ଢାଳେ
ତୋଳି ପୂଜା ଫୁଲ ସଞ୍ଜ ସକାଳେ
ପ୍ରଭୁ ପଦ ତଳେ ପ୍ରଣତି ଢାଳେ

ମଙ୍ଗଳମୟ ତୁମରି କରୁଣା
ଜୀବନରେ ଭରେ ସକଳ କାମନା
ଶାନ୍ତିର ସୁର ତୋଳେ
ପ୍ରଭୁ ପଦ ତଳେ ପ୍ରଣତି ଢାଳେ

ଚାଲିବାକୁ ତୁମେ ଦେଖାଇଛ ପଥ
ଗାଇବାକୁ ତୁମେ ଶିଖାଇଛ ଗୀତ
ଗାଏ ନିବେଦନ ସୁରେ
ପ୍ରଭୁ ପଦ ତଳେ ପ୍ରଣତି ଢାଳେ

ତୁମରି ଆଶିଷେ ସୁନ୍ଦର ଧରା
ପ୍ରିୟ ପରିଜନ ବନ୍ଧୁରେ ଭରା
ମମତାର ମଧୁ ଝରେ
ପ୍ରଭୁ ପଦ ତଳେ ପ୍ରଣତି ଢାଳେ

ପ୍ରଭୁ ପରଂବ୍ରହ୍ମ ପରମେ

ଚଳଚ୍ଚିତ୍ର: ରାମାୟଣ (୧୯୮୦)
କଣ୍ଠଶିଳ୍ପୀ: ସୁବାଷ ଦାସ
ସଙ୍ଗୀତ ନିର୍ଦ୍ଦେଶକ: ପ୍ରଫୁଲ୍ଲ କର
ଗୀତିକାର: ପ୍ରଫୁଲ୍ଲ କର

ପ୍ରଭୁ ପରଂବ୍ରହ୍ମ ପରମେ
ପ୍ରଭୁ ପରଂବ୍ରହ୍ମ ପରମେ
କୋଟି ପ୍ରଣତି ତୋର ଚରଣେ
ଯୁଗେ ଯୁଗେ ତୁ ନାଥ
ହେଉ ଧରାରେ ଜାତ
ତୋର ଭକତ ହିତ କାରଣେ
କୋଟି ପ୍ରଣତି ତୋର ଚରଣେ

ଚକ୍ରଧାରୀ ତୁହି କୋଦଣ୍ଡଧାରୀ
ଅଶେଷ ରୂପେ ଅବତରି
ପାଳୁ ତୁ ସନ୍ଥ ସଦା ଦୁଷ୍ଟ ନିବାରି
ସକଳ ଜୀବ ଦୁଃଖହାରୀ
ପ୍ରଭୁ ପରଂବ୍ରହ୍ମ ପରମେ
କୋଟି ପ୍ରଣତି ତୋର ଚରଣେ

ମୁକ୍ତିଦାତା ତୁହି ମଙ୍ଗଳକାରୀ
ତୋହରି ପଥ ଅନୁସରି
କେତେ ଅଛନ୍ତି ପାପୀ ତୋତେ ସୁମରି
ଲଭିବା ପାଇଁ କୃପାବାରି
ପ୍ରଭୁ ପରଂବ୍ରହ୍ମ ପରମେ
କୋଟି ପ୍ରଣତି ତୋର ଚରଣେ

ବ୍ରହ୍ମା ଇନ୍ଦ୍ର ଯେଉଁ ଚରଣ ଧୂଳି
ଖୋଜନ୍ତି ଯୁଗ ଯୁଗ ଧରି
ଭକ୍ତେ ଦେଇ ସେ ପାଦପଦ୍ମ ମାଧୁରୀ
ଭବ ସାଗରୁ କରୁ ପାରି
ପ୍ରଭୁ ପରଂବ୍ରହ୍ମ ପରମେ
କୋଟି ପ୍ରଣତି ତୋର ଚରଣେ

ପ୍ରଣତି ଜଣାଏ ତୋର ଚରଣେ

ଚଳଚ୍ଚିତ୍ର: ଝିଅଟି ସୀତା ପରି (୧୯୮୩)
କଣ୍ଠଶିଳ୍ପୀ: ଅନୁରାଧା ପୋଡ଼ୱାଲ
ସଙ୍ଗୀତ ନିର୍ଦ୍ଦେଶକ: ସରୋଜ ପଟ୍ଟନାୟକ । ଗୀତିକାର: ଶିବବ୍ରତ ଦାସ

କରୁଣାମୟୀ ତୁ ଜଗତ ଜନନୀ
ଅଭୟ ଦାୟିନୀ ତୁହି ମା ତାରିଣୀ

ପ୍ରଣତି ଜଣାଏ ତୋର ଚରଣେ
ମା ଗୋ ପ୍ରଣତି ଜଣାଏ ତୋର ଚରଣେ
ଏତିକି ମିନତି ଶୁଣ ଆଜି ମୋର
ସଜାଡ଼ି ଦିଅ ମା ଉଜୁଡ଼ା ଏ ଘର
ଶରଣ ଗଲି ମୁଁ ତୋର ଚରଣେ
ମା ଗୋ ପ୍ରଣତି ଜଣାଏ ତୋର ଚରଣେ

ମା ... ଅମା ଅନ୍ଧାର ଦିଅ ପଛେ ମୋତେ
ଭରିଦିଅ ମା ଗୋ ଆଲୋକ ଜଗତେ
ଆଲୋକ ଜଗତେ .. ଆଲୋକ ଜଗତେ
ଆଉ କିଛି ଆଶା ନାହିଁ ଏ ମନେ
ମା ଗୋ ପ୍ରଣତି ଜଣାଏ ତୋର ଚରଣେ

ମା .. ଲୁହ ଦେଇ ମୋତେ କାହାରି ଆଖିର
ସେ ଓଠେ ଦିଅ ମା ହସର ଜୁଆର
ହସର ଜୁଆର ... ହସର ଜୁଆର
ଚାହେନା ମୁଁ କିଛି ଆଉ ଜୀବନେ
ମା ଗୋ ପ୍ରଣତି ଜଣାଏ ତୋର ଚରଣେ

କରୁଣାମୟୀ ତୁ ଜଗତ ଜନନୀ
ଅଭୟ ଦାୟିନୀ ତୁହି ମା ତାରିଣୀ
ପ୍ରଣତି ଜଣାଏ ତୋର ଚରଣେ
ମା ଗୋ ପ୍ରଣତି ଜଣାଏ ତୋର ଚରଣେ

ପୁତ୍ର ସ୍ନେହେ ହେଲୁ ବାଇ

ଚଳଚ୍ଚିତ୍ର: ମନ ମନ୍ଦିର (୧୯୭୭)
କଣ୍ଠଶିଳ୍ପୀ: ଚିତ୍ତ ଜେନା
ସଙ୍ଗୀତ ନିର୍ଦ୍ଦେଶକ: ପ୍ରଫୁଲ୍ଲ କର
ଗୀତିକାର: ପ୍ରଫୁଲ୍ଲ କର

ଆହା କି ଅପୂର୍ବ ଶୋଭାରେ
କୋଳେ ଧରି କୃଷ୍ଣ ଆନନ୍ଦେ ମଗନ
ନନ୍ଦରାଣୀ ଗୋପପୁରେ

ପୁତ୍ର ସ୍ନେହେ ହେଲୁ ବାଇ ଗୋ ଯଶୋଦେ
ପୁତ୍ର ସ୍ନେହେ ହେଲୁ ବାଇ
ଅନ୍ତ ଚିରି ଜାତ କରିନୁ ସିନା ଲୋ
ତୋ ରଙ୍କରତନ ସେହି ଗୋ ଯଶୋଦେ
ପୁତ୍ର ସ୍ନେହେ ହେଲୁ ବାଇ

ଯତନେ ପିନ୍ଧାଉ ମୟୂର ଚନ୍ଦ୍ରିକା
ଗଳାରେ କୁସୁମ ହାର
ଖେଳାଇ ବଳାଇ ଭୁଞ୍ଜାଉ ବଳାକୁ
ଆଦରେ ଲବଣି ସର
ଆଖିରୁ ଉହାଡ଼ ହେଲେ ତ କୁମର
ଅଧୀରେ ଯାଉ ତୁ ଧାଇଁ ଗୋ ଯଶୋଦେ
ପୁତ୍ର ସ୍ନେହେ ହେଲୁ ବାଇ

ବିଧିର ବିଧାନ ମାନି ଶ୍ୟାମଘନ
ଯେବେ ଗଲେ ମଧୁପୁରେ
ବିକଳେ ମାତା ଗୋ କାନ୍ଦିଲୁ ବାହୁନି
ପୁତ୍ର ରହିଗଲା ଦୂରେ
ଥନ ଭାଙ୍ଗି କ୍ଷୀର ଦେଇଥିଲୁ ସିନା
ତୋ ଦୁଃଖ ବୁଝିଲା ନାହିଁ ଗୋ ଯଶୋଦେ
ପୁତ୍ର ସ୍ନେହେ ହେଲୁ ବାଇ
ପୁତ୍ର ସ୍ନେହେ ହେଲୁ ବାଇ

ରାଧା ବିନା କାହ୍ନା

ଚଳଚ୍ଚିତ୍ର: ଆକାଶ ଦୀପ (୧୯୭୯)
କଣ୍ଠଶିଳ୍ପୀ: ତୃପ୍ତି ଦାସ
ସଙ୍ଗୀତ ନିର୍ଦ୍ଦେଶକ: ଅକ୍ଷୟ ମହାନ୍ତି
ଗୀତିକାର: ଶୀର୍ଷାନନ୍ଦ ଦାସ କାନୁନଗୋ

ରାଧା ବିନା କାହ୍ନା
ହୋ ନୀର ବିନା ଯମୁନା
କାହ୍ନା ବିନା ରାଧା
ହୋ ସୁର ବିନା ବୀଣା

ଶ୍ୟାମ ପାଶେ ଦିଶେ ଆହା ସୁନ୍ଦରୀ ରାଇ
ନୀଳ ସରସୀରେ ଅବା ସତେ ନୀଳ କଇଁ
ନୀଳ ମେଘ ଶାମୁକାରେ ଜହ୍ନ ଯେ ମୁକୁତା
ସହକାରେ ଯଥା ମାଳତୀର ଲତା
ମାଳତୀର ଲତା
ରାଧା ଆଉ କାହ୍ନା
ହୋ କିଏ କାଆର ଗହଣା
କାହ୍ନା ବିନା ରାଧା
ହୋ ସୁର ବିନା ବୀଣା

ପ୍ରେମ ଭକତିରେ ଭିଜା ନବୀନ କିଶୋରୀ
ତ୍ରିଭଙ୍ଗୀ ଭଙ୍ଗୀରେ ଶୋଭା ପାଶେ ବଂଶୀଧାରୀ
କୁଞ୍ଜେ ଖେଳେ ଶ୍ୟାମ ସଙ୍ଗେ ରାଧା ଲୁଚକାଳି
କଳାମେଘ ସାଥେ ଅବା ଖେଳଇ ବିଜୁଳି
ଖେଳଇ ବିଜୁଳି
ରାଧା ଆଉ କାହ୍ନା
ହୋ କିଏ କାଆର ତୁଳନା
କାହ୍ନା ବିନା ରାଧା
ହୋ ସୁର ବିନା ବୀଣା

ରାମ ଚରିତ ଏହି ଗାଥା

ଚଳଚ୍ଚିତ୍ର: ସୀତା ଲବକୁଶ (୧୯୮୧)
କଣ୍ଠଶିଳ୍ପୀ: ଏସ. ଜାନକୀ, ସ୍ୱାଗତିକା ରଥ
ସଙ୍ଗୀତ ନିର୍ଦ୍ଦେଶକ: ପ୍ରଫୁଲ୍ଲ କର
ଗୀତିକାର: ଉମେଶ ଚନ୍ଦ୍ର ପାଢ଼ୀ

ରାମ ଚରିତ ଏହି ଗାଥା
ଇହପର ସୁଖପ୍ରଦ ଶ୍ରବଣେ ସଦା
ରାମ ଚରିତ ଏହି ଗାଥା

ଅଯୋଧ୍ୟା ନରେଶ ରାଜା ଦଶରଥ
ତାଙ୍କ ତିନି ରାଣୀ କୋଳେ ଚାରି ସୁତ
ରଘୁଶ୍ରେଷ୍ଠ ରାମ କୌଶଲ୍ୟା ନନ୍ଦନ
କୈକେୟୀ କୋଳରେ ଭରତ ଜନମ
ଲକ୍ଷ୍ମଣ ଶତ୍ରୁଘ୍ନ ଯମଜ ସନ୍ତାନ
ସୁମିତ୍ରା ଯେ ତାଙ୍କ ମାତା
ରାମ ଚରିତ ଏହି ଗାଥା

କିଶୋର ବୟସେ ରାମ ଲକ୍ଷ୍ମଣ
ବିଶ୍ୱାମିତ୍ର ସଙ୍ଗେ ଗମିଲେ ଅରଣ୍ୟ
ବଧିଲେ ତାଡକା, ତଡ଼ିଲେ ମାରୀଚ
ନାଶିଲେ ସୁବାହୁ, ମୁନି ହେଲେ ତୋଷ
ଧନ୍ୟ ଧନ୍ୟ କହି ପୁଷ୍ପ ବୃଷ୍ଟି କଲେ
ସରଗେ ସର୍ବ ଦେବତା
ରାମ ଚରିତ ଏହି ଗାଥା

ଅହଲ୍ୟା ଉଦ୍ଧାରି ମିଥିଳା ପ୍ରବେଶି
ତୋଷିଲେ ଜନକ ଶିବଧନୁ ଭାଙ୍ଗି
ଲଭିଲେ ଜାନକୀ ସୁଗୁଣା ଶ୍ରୀରାମ
ସତେ କି ମନ୍ମଥ ରତିର ସଙ୍ଗମ
ପର୍ଶୁରାମଙ୍କ ଦର୍ପ ସଂହାରି
ଆନନ୍ଦେ ଫେରିଲେ ଅଯୋଧ୍ୟା
ରାମ ଚରିତ ଏହି ଗାଥା

ରତି ସୁଖ ସାରେ - ଗୀତ ଗୋବିନ୍ଦମ୍

ଚଳଚ୍ଚିତ୍ର: ଜୟଦେବ (୧୯୮୭)
କଣ୍ଠଶିଳ୍ପୀ: ୟେସୁ ଦାସ, ତୃପ୍ତି ଦାସ
ସଙ୍ଗୀତ ନିର୍ଦ୍ଦେଶକ: ବାଳକୃଷ୍ଣ ଦାଶ
ଗୀତିକାର: ଶ୍ରୀ ଜୟଦେବ

ରତିସୁଖସାରେ ଗତମଭିସାରେ ମଦନ ମନୋହର ବେଶମ୍
ନ କୁରୁ ନିତମ୍ବିନୀ ଗମନବିଲମ୍ବନ ମନୁସର ତଂ ହୃଦୟେଶମ୍

ଧୀର ସମୀରେ ଯମୁନାତୀରେ ବସତି ବନେ ବନମାଳୀ
ପିନ ପୟୋଧର ପରିସର ମର୍ଦ୍ଦନ ଚଞ୍ଚଳ କରଯୁଗଶାଳୀ

ନାମ ସମେତଂ କୃତ ସଂକେତଂ ବାଦୟତେ ମୃଦୁ ବେଣୁମ୍
ବହୁ ମନୁତେନନୁତେ ତନୁସଙ୍ଗତ ପବନ ଚଳିତମପି ରେଣୁମ୍

ପତତି ପତତ୍ରେ ବିଚଳତି ପତ୍ରେ ଶଙ୍କିତ ଭବଦୁପୟାନମ୍
ରଚୟତି ଶୟନଂ ସଚକିତ ନୟନମ୍ ପଶ୍ୟତି ତବ ପନ୍ଥାନମ୍

ମୁଖରମଧୀରମ୍ ତ୍ୟଜ ମଞ୍ଜୀରମ୍ ରିପୁମିବ କେଳି ସୁଲୋଲମ୍
ଚଳ ସଖି କୁଞ୍ଜମ୍ ସତିମିର ପୁଞ୍ଜମ୍ ଶିଳୟ ନୀଳନିଚୋଳମ୍

ଉରସି ମୁରାରେ ରୁପହିତହାରେ ଘନ ଇବ ତରଳବଳାକେ
ତଡିଦିବ ପୀତେ ରତି ବିପରୀତେ ରାଜସି ସୁକୃତବିପାକେ

ବିଗଳିତ ବସନଂ ପରିହୃତ ରସନଂ ଘଟୟ ଜଘନମପିଧାନମ୍
କିସଳୟ ଶୟନେ ପଙ୍କଜ ନୟନେ ନିଧିମିବ ହର୍ଷନିଧାନମ୍

ହରିରଭିମାନୀ ରଜନୀରିଦାନୀମିୟମପି ଯାତି ବିରାମମ୍
କୁରୁ ମମ ବଚନଂ ସତ୍ୱରରଚନଂ ପୂରୟ ମଧୁରିପୁକାମମ୍

ଶ୍ରୀ ଜୟଦେବେ କୃତହରିସେବେ ଭଣତି ପରମରମଣୀୟଂ
ପ୍ରମୁଦିତ ହୃଦୟଂ ହରିମତି ସଦୟଂ ନମତ ସୁକୃତ କମନୀୟଂ

ରେ ଆତ୍ମନ୍ ନିଦ୍ରା ପରିହରି

ଚଳଚ୍ଚିତ୍ର: ମମତା (୧୯୭୫)
କଣ୍ଠଶିଳ୍ପୀ: ପ୍ରଣବ ପଟ୍ଟନାୟକ
ସଙ୍ଗୀତ ନିର୍ଦ୍ଦେଶକ: ପ୍ରଫୁଲ୍ଲ କର
ଗୀତିକାର: ଭକ୍ତକବି ମଧୁସୂଦନ ରାଓ

ରେ ଆତ୍ମନ୍ ନିଦ୍ରା ପରିହରି
ଫେଢ଼ି ଚିନ୍ତାର ଲୋଚନ
କର କର ନିରୀକ୍ଷଣ
ନିଃଶବ୍ଦେ ଜୀବନ ସ୍ରୋତ ଧାଉଁଛି କିପରି
ଭେଟିବାକୁ ମୃତ୍ୟୁ ସିନ୍ଧୁ କରାଳ ଲହରୀ
ରେ ଆତ୍ମନ୍ ନିଦ୍ରା ପରିହରି ...

କି ବେଗରେ ଯାଉଅଛି ଚାଲି
ସେହି ସ୍ରୋତ ସଙ୍ଗେ ମିଶି
ଜୀବନର ସୁଖରାଶି
ଯାହାର ସ୍ମରଣେ ନର, ଶୋକ ଶ୍ୱାସ ଢାଳି
ଅତୀତକୁ ଉଦ୍‌ବୋଧଇ ବୃଥା ଭାଳି ଭାଳି
ରେ ଆତ୍ମନ୍ ନିଦ୍ରା ପରିହରି ...

ହେ ଈଶ୍ୱର ପତିତ ତାରଣ
ପ୍ରାଣ ରାମ ନିରଞ୍ଜନ
ଭୟ ବିଘ୍ନ ବିନାଶନ
ତୁମ୍ଭେ ପ୍ରଭୁ ସନ୍ତାପିତ ପ୍ରାଣର ଚନ୍ଦନ
ସଂସାର ବିଷାକ୍ତ ନେତ୍ରେ ତୁମ୍ଭେ ହେ ଅଞ୍ଜନ
ରେ ଆତ୍ମନ୍ ନିଦ୍ରା ପରିହରି ...

ସବୁଥିରୁ ବଞ୍ଚିତ କରି

ଚଳଚ୍ଚିତ୍ର: ନବଜନ୍ମ (୧୯୬୫)
କଣ୍ଠଶିଳ୍ପୀ: ରଘୁନାଥ ପାଣିଗ୍ରାହୀ
ସଙ୍ଗୀତ ନିର୍ଦ୍ଦେଶକ: ବାଳକୃଷ୍ଣ ଦାଶ
ଗୀତିକାର: କାନ୍ତକବି ଲକ୍ଷ୍ମୀକାନ୍ତ ମହାପାତ୍ର

ସବୁଥିରୁ ବଞ୍ଚିତ କରି
କେଉଁ ଯଶବାନା ଉଡ଼ାଇବ ହେ
ଯାହା ଦେଇଥିଲ ସବୁ ତ ନେଲଣି
ଆଉ ଏବେ କିସ ଛଡାଇବ ହେ
ସବୁଥିରୁ ବଞ୍ଚିତ କରି ...

ସଂସାରେ ଯେ କରଇ ଆଶ
ଧାଏଁ ସିନା ସେ ତୁମ୍ଭ ପାଶ
ସକଳ ଭରସା ଯାର ତୁଟିଲାଣି
କିସ ବୋଲି ତାକୁ ଡ଼ରାଇବ ହେ
ସବୁଥିରୁ ବଞ୍ଚିତ କରି ...

ଠକି ଠକି ଥରକୁ ଥର
ବୁଝିଲିଣି ତୁମ ଚାତର
ମନେ ପାଞ୍ଚିଛ କି ହାଟ ମଝିଟାରେ
ଛିଡା କରି ବାଟ ହୁଡ଼ାଇବ ହେ
ସବୁଥିରୁ ବଞ୍ଚିତ କରି ...

ତୁମ ଫନ୍ଦା ଏଡ଼ିବି ବୋଲି
ସବୁ ଧନ୍ଦା ଦେଲିଣି ଠେଲି
ଚାରି ଦଉଡି ଯେ କାଟି ସାରିଲାଣି
କେଉଁ ଫାନ୍ଦେ ତାକୁ ଜଡ଼ାଇବ ହେ
ସବୁଥିରୁ ବଞ୍ଚିତ କରି ...

ହାତ ଠାରି ଲୋଭ ଦେଖାଇ
ତାକ ନାଟ ଦେଖିବା ପାଇଁ
ସିହାଣ କରୁଛ ଆହୁରି ଥରେ କି
ନାକ ଘଷି କାନ ମୋଡ଼ାଇବ ହେ
ସବୁଥିରୁ ବଞ୍ଚିତ କରି ...

ସଜନୀରେ କାହିଁ ଗଲେ ଶ୍ୟାମ

ଚଳଚ୍ଚିତ୍ର: ସମୟ (୧୯୭୫)
କଣ୍ଠଶିଳ୍ପୀ: ସୁମନ କଲ୍ୟାଣପୁର
ସଙ୍ଗୀତ ନିର୍ଦ୍ଦେଶକ: ଭୁବନ ହରି
ଗୀତିକାର: ଗଣେଶ ମହାପାତ୍ର

ସଜନୀରେ କାହିଁ ଗଲେ ଶ୍ୟାମ
ସତେ କି ବିଧି ହେଲା ବାମ
ସଜନୀରେ କାହିଁ ଗଲେ ଶ୍ୟାମ

କହି ତ ସେ ଥିଲେ ଲେଉଟିବେ ବୋଲି
ମଥୁରା ଯାଇ କି ସବୁ ଗଲେ ଭୁଲି
ଏଡିକି କପଟୀ ନାହିଁ ଲୋ ସରମ
ସଜନୀ ... ସଜନୀ ...
ସଜନୀରେ କାହିଁ ଗଲେ ଶ୍ୟାମ

କାନ୍ଦି ଲୋଟେ ରାଧା ଏକା ବୃନ୍ଦାବନେ
ବିରହ ବିଧୂରା କହ୍ନାଇ ବିହୁନେ
ଝରାଇ ଲୋତକ ବାହୁନି ସେ ନାମ
ସଜନୀ ... ସଜନୀ ...
ସଜନୀରେ କାହିଁ ଗଲେ ଶ୍ୟାମ

ସଞ୍ଜ ସକାଳେ ତୁମ ଛବି ଖୋଜେ

ଚଳଚ୍ଚିତ୍ର: ସ୍ତ୍ରୀ (୧୯୬୮)
କଣ୍ଠଶିଳ୍ପୀ: ନିର୍ମଳା ମିଶ୍ର
ସଙ୍ଗୀତ ନିର୍ଦ୍ଦେଶକ: ଭୁବନେଶ୍ୱର ମିଶ୍ର
ଗୀତିକାର: ସାରଦା ପ୍ରସନ୍ନ ନାୟକ

ସଞ୍ଜ ସକାଳେ ତୁମ ଛବି ଖୋଜେ
ନୀରଭିଜା ନୟନରେ
ଜଗତର ନାଥ ଆହେ ଜଗନ୍ନାଥ
ଆକୁଳ ଅନ୍ତରେ ଝୁରେ

ମାଗୁନାହିଁ ଧନ ମାନ ସନମାନ
ମାଗୁନାହିଁ ମୁଁ ଯେ ହୀରା ନୀଳା ମୋତି
ମାଗିଥିଲେ ଯାହା ଧ୍ରୁବ ପ୍ରହଲ୍ଲାଦ
ମାଗୁଛି ତହିଁରୁ ଦିଅ ମୋତେ କିଛି
କରୁଣା ସାଗର ନ କର ହେ ପର
ମନର ମରାଳ ଝୁରି ମରେ
ସଞ୍ଜ ସକାଳେ ତୁମ ଛବି ଖୋଜେ ...

ଗିରି ନଦୀ ବନ ବସନ୍ତ ପବନ
ଗଗନ ଜୋଛନା ତରୁ ତପୋବନ
ସୁନୀଳ ସାଗର ଭରା ଉପବନ
ଝରଣାର ଅଙ୍ଗେ କଳ କଳ ତାନ
ହସାଉଛ ସବୁ କନ୍ଦାଉଛ ମୋତେ
ପ୍ରଭୁ ହେ କାହିଁକି କୁହ ବାରେ
ସଞ୍ଜ ସକାଳେ ତୁମ ଛବି ଖୋଜେ ...

ସେ ତ ଭକତ ଭାବରେ ବନ୍ଧାରେ

ଚଳଚ୍ଚିତ୍ର: ଶ୍ରୀ ଜଗନ୍ନାଥ (୧୯୭୯)
କଣ୍ଠଶିଳ୍ପୀ: ଏସ. ଜାନକୀ
ସଙ୍ଗୀତ ନିର୍ଦ୍ଦେଶକ: ଅକ୍ଷୟ ମହାନ୍ତି
ଗୀତିକାର: ବିନୋଦିନୀ ଦେବୀ

ସେ ତ ଭକତ ଭାବରେ ବନ୍ଧାରେ
ସେ ତ ଭକତ ଜୀବନ ଧନ
ତୁ ତାକୁ ଖୋଜିଲେ ସେ ତୋତେ ଖୋଜଇ
ସିଏ ତୋ ହୃଦଚନ୍ଦନରେ
ଉଣା କର ନାହିଁ ମନ
ସେ ତ ଭକତ ଭାବରେ ବନ୍ଧାରେ ...

ସିଏ ତୋ ସାଗର ତୁ ତାର ଲହରୀ
ସିଏ ନଦୀଝର ତୁ ତାର ଭଉଁରୀ
ତୁ କାନ୍ଦିଲେ କାନ୍ଦେ ତୁ ହସିଲେ ହସେ
ସିଏ ତୋ ଆପଣା ଜନରେ
ଉଣା କର ନାହିଁ ମନ
ସେ ତ ଭକତ ଭାବରେ ବନ୍ଧାରେ ...

ଭାବକୁ ନିକଟ ଅଭାବକୁ ଦୂର
ତୁ ତାହାର ଦେହ ତୋ ବୁକୁ ତା ଘର
ତୁ ଢ଼ାଳିଲେ ଲୁହ ତା ମନ ବିକଳ
ତୁ ଜୀବ ସେ ଜୀବନରେ
ଉଣା କର ନାହିଁ ମନ
ସେ ତ ଭକତ ଭାବରେ ବନ୍ଧାରେ ...

ସିଂହବାହିନୀ

ଚଳଚ୍ଚିତ୍ର: ମନ ଆକାଶ (୧୯୭୪)
କଣ୍ଠଶିଳ୍ପୀ: ସିକନ୍ଦର ଆଲାମ, ଭିକାରି ବଳ, ଏସ. ଜାନକୀ
ସଙ୍ଗୀତ ନିର୍ଦ୍ଦେଶକ: ଉପେନ୍ଦ୍ର କୁମାର
ଗୀତିକାର: ଶିବବ୍ରତ ଦାସ

ସିଂହବାହିନୀ ଶକ୍ତି ପ୍ରଦାୟିନୀ ମା
ଆସ ଅବତରି ଏ ଧରାଧାମକୁ
ମା ଗୋ ଶୁଣ ମାଗୁଣି
ସିଂହବାହିନୀ ...

ଯୁଗେ ଯୁଗେ ମା ଗୋ ତୁମ କରୁଣାରୁ
ମାନବର ଦେହ ଧରି
ତୁମ ଆନନ୍ଦ ଧାମେ ଫେରିଯାଉ
ତୁମ କାମ ଆମେ କରି
ଆସ ମା ଦୁର୍ଗା ବିକଶିତ ହୁଅ
ନବୀନ ଅରୁଣ ପରି
ସିଂହବାହିନୀ ...

ତ୍ରିଶୂଳ ଧାରିଣୀ ରିପୁ ନାଶିନୀ ମା
ସାହା ହୁଅ ତୁମେ ଆସି
ମଙ୍ଗଳମୟୀ ସେ ରୂପକୁ ଚାହିଁ
ରହିଛୁ ଭାରତବାସୀ
ଦିଅ ମା ଭକ୍ତି ଦିଅ ମା ଶକ୍ତି
ମାଗୁଅଛୁ କର ଯୋଡି
ସିଂହବାହିନୀ ...

ତମସା ତିମିର ପୁରି ରହିଥିଲା
ମୋର ଏ ଭାରତ ଦେଶେ
ଅନ୍ଧାର ନାଶି ଉଦୟ ହେଲ ଗୋ
ଗଗନ ପ୍ରାନ୍ତେ ଶେଷେ
ତୁମରି ଆଭାର ଉଷାର ଆଲୋକେ
ଦଶ ଦିଗ ଉଠୁ ହସି
ସିଂହବାହିନୀ ...

ତାରିବା ଶକତି ଅଛି ବୋଲି

ଚଳଚ୍ଚିତ୍ର: ଭକ୍ତ ସାଲବେଗ (୧୯୮୩)
କଣ୍ଠଶିଳ୍ପୀ: ଅନୁରାଧା ପୋଡ଼ୱାଲ
ସଙ୍ଗୀତ ନିର୍ଦ୍ଦେଶକ: ଭୁବନେଶ୍ୱର ମିଶ୍ର
ଗୀତିକାର: ନରସିଂହ ମହାପାତ୍ର

ତାରିବା ଶକତି ଅଛି ବୋଲି
ତୁହି ହେଲୁ ଜଗତର ନାଥ
ଯାତନା ସାଗରେ ଭସାଇ ନିରାଶେ
ନେଉଛୁ କିବା ପରଖ
ତାରିବା ଶକତି ଅଛି ବୋଲି ...

ତରଣୀଟି ଦେଇ ଖଞ୍ଜିଲୁ ତୋଫାନ
ଉଛୁଳା ଜୁଆରେ ଦୋହଲେ ପରାଣ
ଚକା ଆଖି ତୋର ଥକି ନ ଯାଉରେ
ରଖ ମୋ ଜୀବନ ରଖ
ତାରିବା ଶକତି ଅଛି ବୋଲି ...

ଦେଲୁ ଯାହା ଯାଚି ଖୋଜି ମୁଁ ନ ଥିଲି
ତିଳ ତିଳ ସରି ତାରେ ହସାଇଲି
ଛଡାଇ ପାରିବୁ ନାହିଁ ସେହି ହସ
ଦେ ମୋତେ ଯେତେ ଦୁଃଖ
ତାରିବା ଶକତି ଅଛି ବୋଲି ...

ବଡ଼ପଣ ସିନା ହେବ ତୋର ଚୁନା
ରଖି ସନମାନ ମାନ ମୋର ମନା
ଭଲ ମନ୍ଦ କିଛି ହେଲେ ମୋ ଧନର
ସରିବ ତୋ ମହତ
ତାରିବା ଶକତି ଅଛି ବୋଲି ...

ତୋତେ ଜୁହାର କରିବି ନାହିଁ

ଚଳଚ୍ଚିତ୍ର: ବାଜେ ବଇଁଶୀ ନାଚେ ଘୁଙ୍ଗୁର (୧୯୮୬)
କଣ୍ଠଶିଳ୍ପୀ: ବୁଦ୍ଧ ପ୍ରସାଦ ରାଓ
ସଙ୍ଗୀତ ନିର୍ଦ୍ଦେଶକ: ଅକ୍ଷୟ ମହାନ୍ତି
ଗୀତିକାର: ସଚ୍ଚି ମହାନ୍ତି

କାହ୍ନୁରେ ...
ତୋତେ ଜୁହାର କରିବି ନାହିଁ
ତୋତେ ଗୁହାରି କରିବି ନାହିଁ
ହାତେ ମୋର ବେଣୁ ଦେଇ
ଯେତେ ସୁଖ ଥିଲା ତହିଁ
କହ କାହିଁ ନେଲୁ ତୁ ଛଡାଇ
ତୋତେ ଜୁହାର କରିବି ନାହିଁ ...

ତୋ ସୁଖ ତୋହର ଆଉ ମୋ ଦୁଃଖ ମୋହର
ସେ ଲାଗି ଲିଭାଇ ଦେଲୁ ହସ ମୋ ମୁହଁର
ତୋତେ କହି କିଛି ଲାଭ ନାହିଁ
ଲୁହ ଢାଳି ମୋର ଲାଭ ନାହିଁ
ତୋର ପ୍ରଭୁ ପଣେ ତୁହି
ସେମିତି ଥାଆରେ ରହି
ପ୍ରଭୁ ବୋଲି ଡାକିବି ମୁଁ ନାହିଁ
ତୋତେ ଜୁହାର କରିବି ନାହିଁ ...

ତୋ ମନ ତୋତେ ବଡ଼, ମୋତେ କିବା ଲଗା
ତୋ ପାଇଁ ମନଘର ନିତି ମୋର ଭଙ୍ଗା
ଆଉ ବଇଁଶୀ ବାଇବି ନାହିଁ
ତୋର ମୁହଁ ମୁଁ ଚାହିଁବି ନାହିଁ
ଯାହା ଦେଇଥିଲୁ ମୋତେ
ନେଇଯାରେ ସବୁ ସତେ
ତୋ ବଇଁଶୀ ନେଏ ରେ ଫେରାଇ
ତୋତେ ଜୁହାର କରିବି ନାହିଁ ...

ତୋର ଇଚ୍ଛା ପୂର୍ଣ୍ଣ ହେଉ ମହାବାହୁ

ଚଳଚ୍ଚିତ୍ର: ପୂଜା ଫୁଲ (୧୯୮୫)
କଣ୍ଠଶିଳ୍ପୀ: ସୁରେଶ ୱାଡେକର
ସଙ୍ଗୀତ ନିର୍ଦ୍ଦେଶକ: ପ୍ରଫୁଲ୍ଲ କର
ଗୀତିକାର: ପ୍ରଫୁଲ୍ଲ କର

କରି କରାଉ ଥାଉ ତୁହି
ତୋ ବିନୁ ଅନ୍ୟ ଗତି ନାହିଁ
ତୋ ମାୟା ସିନା ଜାଣୁ ତୁହି
ବୁଝିବ କିଏ ଅଛି କାହିଁ

ଫୁଲ ଫୁଟି ହସୁ ଅବା ମଉଳି ଯାଉ
ବସନ୍ତେ ବରଷା ଆସି ବରଷି ଯାଉ
ଏ ଦୁନିଆ ରହୁ ଅବା ଉଜୁଡ଼ି ଯାଉ
ତୋର ଇଚ୍ଛା ପୂର୍ଣ୍ଣ ହେଉ ମହାବାହୁ

ବିରାଜୁ ତୁହି ସକଳ ପ୍ରାଣେ
ସକଳ ପ୍ରାଣୀ ତୋର ଶରଣେ
କାହାକୁ ଗଢୁ କିଏ ବା ଜାଣେ
କାହାକୁ ଭାଙ୍ଗୁ କେଉଁ କାରଣେ
ଏ ମଣିଷ ସ୍ୱର୍ଗେ ଅବା ନରକେ ଯାଉ
ଅଧର୍ମର ଜୟ ଅବା ଧର୍ମର ହେଉ
ଆଲୋକ ଝରୁ ବା ଏଠି ଅନ୍ଧାର ହେଉ
ତୋର ଇଚ୍ଛା ପୂର୍ଣ୍ଣ ହେଉ ମହାବାହୁ

ଅସୀମ ତୁହି ପ୍ରେମ ସାଗର
ଅମାପ ତୋର ଦୟା ଭଣ୍ଡାର
ଖଳ ଦୁର୍ଜନେ କରି ସଂହାର
ସନ୍ଥ ସୁଜନେ କରୁ ଉଦ୍ଧାର
ସାଗର ଶିଥିଳ ଅବା ଉତ୍ତାଳ ହେଉ
ଅଣଚାଶ ବହୁ ଅବା ମଳୟ ବହୁ
ଧରା ବୁକେ ସୃଷ୍ଟି ଅବା ପ୍ରଳୟ ହେଉ
ତୋର ଇଚ୍ଛା ପୂର୍ଣ୍ଣ ହେଉ ମହାବାହୁ

ଯେ ଫୁଲ ଗଢା ତୋ ପୂଜା ପାଇଁ
ସେ ଫୁଲେ କଣ୍ଟା ରଖିଛୁ କାହିଁ
ଚନ୍ଦ୍ର ଦେହେ କଳଙ୍କ ଦେଇ
ବିଚିତ୍ରକର୍ମା ବୋଲାଉ ତୁହି
ତୋର ଏ ଲୀଳା ସରି ନ ଯାଉ
ଜୟ ଜଗନ୍ନାଥ ଜଗତ ଗାଉ
ଜୟ ଜୟ ଜଗନ୍ନାଥ ଜୟ ଜଗନ୍ନାଥ

ତୁମେ ଦେବ ମୁଁ ପୂଜାରିଣୀ

ଚଳଚ୍ଚିତ୍ର: ଭୁଲି ହୁଏନା (୧୯୮୭)
କଣ୍ଠଶିଳ୍ପୀ: ଗୀତା ଦାସ
ସଙ୍ଗୀତ ନିର୍ଦ୍ଦେଶକ: ପ୍ରଫୁଲ୍ଲ କର
ଗୀତିକାର: ପ୍ରଫୁଲ୍ଲ କର

ତୁମେ ଦେବ, ମୁଁ ପୂଜାରିଣୀ
ତୁମେ ଦାନୀ, ମୁଁ ଭିକାରୁଣୀ
ତୁମେ ଧ୍ୟାନ, ମୁଁ ତପସ୍ୱିନୀ
ତୁମେ ପ୍ରେମ, ମୁଁ ପାଗଳିନୀ
ତୁମେ ଦେବ ....

ତୁମେ ରାଧାର ଶ୍ୟାମ, ତା ମୁରଲୀ ମୋହନ
ତୁମେ ମୀରାର ପ୍ରେମ, ତା ଜୀବର ଜୀବନ
ମୁଁ ନୁହେଁ ରାଧା, ମୁଁ ନୁହେଁ ମୀରା
ମୁଁ ପିଆସୀ ଚାତକୀ ତୁମେ ବରଷା ଧାରା
ତୁମେ ସୂର୍ଯ୍ୟ, ମୁଁ କମଳିନୀ
ତୁମେ ଦାନୀ, ମୁଁ ଭିକାରୁଣୀ
ତୁମେ ଦେବ ....

ହେ ସୁନ୍ଦର ଶ୍ୟାମଳ ବଂଶୀଧାରୀ
ତୁମେ ନାଥ ଜଗନ୍ନାଥ ଦୁଃଖହାରୀ
ମୋତେ ନିଅ ଟୋଳି, ଆହେ ବନମାଳୀ
ରଖ ଶ୍ରୀ ଚରଣେ କରି ମୋତେ ଧୂଳି
ତୁମେ ଚନ୍ଦନ, ମୁଁ ଯେ ପାଣି
ତୁମେ ଦାନୀ, ମୁଁ ଭିକାରୁଣୀ
ତୁମେ ଧ୍ୟାନ, ମୁଁ ତପସ୍ୱିନୀ
ତୁମେ ପ୍ରେମ, ମୁଁ ପାଗଳିନୀ
ତୁମେ ଦେବ ....

ତୁମେ ମାଧବ ତୁମେ କେଶବ

ଚଳଚ୍ଚିତ୍ର: ଆଶାର ଆକାଶ (୧୯୮୩)
କଣ୍ଠଶିଳ୍ପୀ: ଆରତୀ ମୁଖାର୍ଜୀ
ସଙ୍ଗୀତ ନିର୍ଦ୍ଦେଶକ: ମହେନ୍ଦ୍ର ଆଚାର୍ଯ୍ୟ
ଗୀତିକାର: କମଳ, ମହେନ୍ଦ୍ର ଓ ମନ୍ମଥ

ତୁମେ ମାଧବ ତୁମେ କେଶବ ତୁମେ ବାନ୍ଧବ ହେ
ଭକତ ଜୀବନ ଭକତ ପରାଣ .. ହୋ ...
ତୁମେ ତ ସୁନ୍ଦର ହେ
ତୁମେ ତ ସୁନ୍ଦର ହେ

ତୁମେ ପିତା ମାତା ମୋର
ତୁମେ ସଖା ସହୋଦର
ସୁଖେ ତୁମ କର ସୁଖୀ
ଦୁଃଖେ ତୁମ ହେଉ ଦୁଃଖୀ
ତୁମରି ଆଶିଷ ବାରେ ଦିଅ ଢାଳି
କରୁଣା ବାରିଧି ହେ

ତୁମେ ଜପ ତପ ଧ୍ୟାନ
ଜ୍ଞାନଦାତା ଭଗବାନ
ଦିଅ ବିଦ୍ୟା ଦିଅ ବୁଦ୍ଧି
ଦିଅ ଜ୍ଞାନ ଦିଅ ସିଦ୍ଧି
ଏତିକି ମିନତି ଚରଣେ ତୁମରି ... ହୋ ...
ମଙ୍ଗଳ ମୂରତି ହେ

ତୁମେ ମୋର ମୁଁ ତୁମର

ଚଳଚ୍ଚିତ୍ର: ଅଭିମାନ (୧୯୭୭)
କଣ୍ଠଶିଳ୍ପୀ: ସ୍ୱରୂପା ଚକ୍ରବର୍ତ୍ତୀ ଓ ରାଣୀ ବର୍ମା
ସଙ୍ଗୀତ ନିର୍ଦ୍ଦେଶକ: ରାଧାକୃଷ୍ଣ ଭଞ୍ଜ, ସରୋଜ ପଟ୍ଟନାୟକ
ଗୀତିକାର: ଠାକୁର ଶ୍ରୀ ଅଭିରାମ ପରମହଂସ

ତୁମେ ମୋର ମୁଁ ତୁମର
ଆହେ ମୋର ସ୍ୱାମୀ
ତୁମେ କି ଜାଣନା ଆହେ ଗୁରୁ ଅନ୍ତର୍ଯ୍ୟାମୀ
ଆହେ ମୋର ସ୍ୱାମୀ
ତୁମେ ମୋର ମୁଁ ତୁମର
ମୁଁ ତୁମର ତୁମେ ମୋର

ନ ଜାଣେ ଧର୍ମାଧର୍ମ ଆହେ ସ୍ୱାମୀ ଅଭିରାମ
ତୁମ୍ଭେ ପ୍ରେମ ଦେଲେ ମୁହିଁ ହୋଇବି ପ୍ରେମୀ
ତୁମେ କି ଜାଣନା ଆହେ ଗୁରୁ ଅନ୍ତର୍ଯ୍ୟାମୀ
ଆହେ ମୋର ସ୍ୱାମୀ
ତୁମେ ମୋର ମୁଁ ତୁମର
ମୁଁ ତୁମର ତୁମେ ମୋର

ନ ଇଚ୍ଛେ ସୁଖଦୁଃଖକୁ ସର୍ବ ଅର୍ପିତ ତୁମ୍ଭଙ୍କୁ
ତୁମ୍ଭ କୃପା ବିନା ମାୟା ସଂସାରେ ଭ୍ରମି
ତୁମେ କି ଜାଣନା ଆହେ ଗୁରୁ ଅନ୍ତର୍ଯ୍ୟାମୀ
ଆହେ ମୋର ସ୍ୱାମୀ
ତୁମେ ମୋର ମୁଁ ତୁମର
ମୁଁ ତୁମର ତୁମେ ମୋର

କହେ ଅଭିରାମ ବାଇ ମୋ ବଳେ କର୍ମ ନୁହଁଇ
ତୋ କୃପାରେ ନିଗମକୁ ପାରେ ମୁଁ ଗମି
ତୁମେ କି ଜାଣନା ଆହେ ଗୁରୁ ଅନ୍ତର୍ଯ୍ୟାମୀ
ଆହେ ମୋର ସ୍ୱାମୀ
ତୁମେ ମୋର ମୁଁ ତୁମର
ମୁଁ ତୁମର ତୁମେ ମୋର

ତୁମେ ତ ଦୟାଳୁ ଦାତା

ଚଳଚ୍ଚିତ୍ର: ବାଟ ଅବାଟ (୧୯୮୦)
କଣ୍ଠଶିଳ୍ପୀ: ଅନୁରାଧା ପୋଡ଼୍‌ୱାଲ
ସଙ୍ଗୀତ ନିର୍ଦ୍ଦେଶକ: ଭୁବନ ହରି
ଗୀତିକାର: ବୃନ୍ଦାବନ ଜେନା

ତୁମେ ତ ଦୟାଳୁ ଦାତା ବୋଲି ପ୍ରଭୁ
ଜଗତେ ପଡୁଛି ହୁରି ... ଜଗତେ ପଡୁଛି ହୁରି
ମୁଁ ଯେ ଅକିଞ୍ଚନ ଦୀନୁ ଅତି ଦୀନ
ଦିଅ ମା ଅଞ୍ଜଳି ଭରି
ଦିଅ ମା ଅଞ୍ଜଳି ଭରି

ଭରି ଦିଅ ସୁଖ ଶରଧା ସେନେହ
ମୋ ଘରେ ବାହାରେ ପ୍ରଭୁ ଦୟାମୟ
ଜୀବନର ଯେତେ ସଞ୍ଚିତ ଧରମେ
ହସାଇ ରଖ ମୋ ପୁରୀ
ତୁମେ ତ ଦୟାଳୁ ଦାତା ବୋଲି ପ୍ରଭୁ ...

ଦାତା ପଣେ ସାତ ସାଗରର ବାରି
କାହିଁକି ଦେଲ ମୋ ନୟନରେ ଭରି
ମାଗି ତ ନ ଥିଲି ହାତ ପାତି କେବେ
ଦିଅ ଏତେ ସୁଖ ଶିରୀ
ତୁମେ ତ ଦୟାଳୁ ଦାତା ବୋଲି ପ୍ରଭୁ ...

ତୁମେ ପରା ଦୁବ କରିପାର ଦାରୁ
ଅନ୍ଧକୁ ନୟନ ଦିଅ ମହାମେରୁ
ଲାଜ ରଖ ମୋର ମାଗୁଣି କରୁଛି
ଚକାଆଖି ଦୁଃଖହାରୀ
ଚକାଆଖି ଦୁଃଖହାରୀ

ତୁମେଇ ସକଳ ସତ୍ୟ

ଚଳଚ୍ଚିତ୍ର: ଟିକେ ହସ ଟିକେ ଲୁହ (୧୯୮୧)
କଣ୍ଠଶିଳ୍ପୀ: ପ୍ରଣବ ପଟ୍ଟନାୟକ
ସଙ୍ଗୀତ ନିର୍ଦ୍ଦେଶକ: ପୂର୍ଣ୍ଣ ଖୁଣ୍ଟିଆ
ଗୀତିକାର: ରଜନୀକାନ୍ତ ନାୟକ

ତୁମେଇ ସକଳ ସତ୍ୟ ତୁମେଇ ସୁନ୍ଦର
ଦିବ୍ୟ ଜ୍ୟୋତିର୍ମୟ ବିଶ୍ୱ ଆଲୋକିତ କର
ହେ ସତ୍ୟ ଶିବ ସୁନ୍ଦର
ହେ ସତ୍ୟ ଶିବ ସୁନ୍ଦର

ଶରଣ ରକ୍ଷଣ ତୁମେ ତୃଷିତ ପ୍ରାଣର
ଶକତି ମୁକତି ଦିଅ ଜୀବନ ଆଧାର
ଦୟାମୟ ହେ
ଭବୁ ପାରି କର ... ଭବୁ ପାରି କର
ତୁମେଇ ସକଳ ସତ୍ୟ ତୁମେଇ ସୁନ୍ଦର

ତୁମରି ମଧୁର ନାମ ଅମୃତ ନିର୍ଝର
ତୁମେ ଯେ ନୂତନ ନିତ୍ୟ ମହିମା ଅପାର
ମଧୁମୟ ହେ
ରୁଦ୍ର ମନୋହର ... ରୁଦ୍ର ମନୋହର
ତୁମେଇ ସକଳ ସତ୍ୟ ତୁମେଇ ସୁନ୍ଦର
ତୁମେଇ ସକଳ ସତ୍ୟ ତୁମେଇ ସୁନ୍ଦର

BLACK EAGLE BOOKS

www.blackeaglebooks.org
info@blackeaglebooks.org

Black Eagle Books, an independent publisher, was founded as a nonprofit organization in April, 2019. It is our mission to connect and engage the Indian diaspora and the world at large with the best of works of world literature published on a collaborative platform, with special emphasis on foregrounding Contemporary Classics and New Writing.

www.ingramcontent.com/pod-product-compliance
Lightning Source LLC
Chambersburg PA
CBHW030232100526
44583CB00013BA/881
9781645600947